FRÉDÉRIC OZANAM

D'APRÈS

SA CORRESPONDANCE

ÉTUDE BIOGRAPHIQUE

PAR

Mme EDOUARD HUMBERT

PARIS

LIBRAIRIE SANDOZ ET FISCHBACHER

GENÈVE
LIBRAIRIE DESROGIS

NEUCHATEL
LIBRAIRIE JULES SANDOZ

1880

FRÉDÉRIC OZANAM

FRÉDÉRIC OZANAM

D'APRÈS

SA CORRESPONDANCE

ÉTUDE BIOGRAPHIQUE

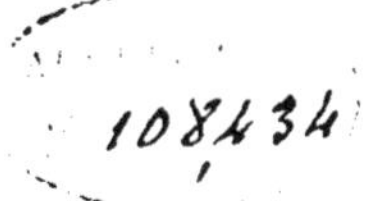

PAR

Mme EDOUARD HUMBERT

PARIS

LIBRAIRIE SANDOZ ET FISCHBACHER

GENÈVE
LIBRAIRIE DESROGIS

NEUCHATEL
LIBRAIRIE JULES SANDOZ

1880

Lorsqu'une correspondance est l'œuvre d'un homme sincère avec lui-même, elle devient l'histoire d'une âme. La lire, c'est faire l'intime connaissance de quelqu'un, et, parfois, lorsqu'il s'agit d'une nature d'élite, c'est se sentir attiré vers un ami et vers un maître. Ce sentiment a ceci de très mélancolique que l'on est soi-même inconnu de celui qu'on a appris à aimer et que la sympathie, qui demande la réciprocité, n'a pas à espérer de retour. Une secrète conviction fait entrevoir dans un lointain avenir le rapprochement de ces âmes dont les unes ont exercé sur les autres, à travers le temps et les distances, une influence puissante; le regret toutefois demeure que la rencontre n'ait pas eu lieu sur la terre.

En quittant, avec la dernière page du livre où ils se sont dévoilés à nous, ceux que nous avons regardés vivre avec tant d'intérêt, nous laissons échapper ce cri involontaire : Pourquoi sont-ils morts ? Mais c'est parce qu'ils sont morts qu'ils nous parlent, les exigences morales le veulent ainsi : nous ne pouvons compter tous les tressaillements d'un cœur que lorsqu'il a cessé de battre. Voilà pourquoi il semble souvent que les générations qui s'éteignent ne seront pas remplacées, que ce qu'il y avait de beau et de bien en elles disparaît de l'humanité. C'est une erreur, sans doute, de désespérer ainsi du présent. Peut-être marchons-nous, sans le savoir, à côté d'êtres dont les œuvres et les écrits feront l'admiration de nos enfants. Seulement, nous ne les connaissons pas et, pour trouver nos modèles et nos inspirations, il nous faut remonter vers le passé, en nous reposant sur des tombeaux.

I

La correspondance de Frédéric Ozanam a le rare avantage de révéler, du commencement à la fin, la vie de cet homme éminent. Lorsque nous faisons sa connaissance, il est à Lyon, au sein d'une famille respectée. Son père, médecin distingué, aime les lettres et s'occupe avec sollicitude de l'éducation de ses enfants ; sa mère inspire à ceux qui devaient garder une espèce de culte pour elle l'amour des choses bonnes et saintes. Ozanam n'est plus un enfant déjà, car, malgré sa jeunesse, il a traversé une des crises les plus douloureuses qui puissent assaillir l'homme : celle du doute. Tout ce qu'il a cru jadis, il l'a remis en question. Ses jours ont été orageux, ses nuits sans sommeil, et le matin s'est levé sur son chevet mouillé de pleurs. Il est sorti, malgré tout, vainqueur de la crise. Il a cherché les preuves de la vérité, soit au dedans de lui-même, soit surtout dans l'histoire. Voulant comprendre la loi de l'humanité, la fin de l'homme, il s'est efforcé de découvrir la marche du plan de Dieu à travers les siècles.

Partout et toujours, il a trouvé le sentiment religieux et, dans la manifestation de ce sentiment, deux éléments distincts : l'un, l'immuable, l'autre, variable suivant les mœurs, les lieux, les époques. S'attachant au premier, qu'il a reconnu d'essence divine, et l'ayant suivi pas à pas, le jeune Ozanam est revenu à la foi qu'il a apprise sur les genoux de sa mère. « Alors, ô mes amis, » écrit-il à deux de ses condisciples, dont l'un devint plus tard ministre, M. Fortoul, « mon âme est remplie de joie et de consolation. — Mon parti est pris, » ajoute-t-il, « ma tâche est tracée pour la vie. » Il avait dix-huit ans lorsqu'il écrivait ces lignes, il a tenu parole. Son parti pris, c'est d'être chrétien; sa tâche, la poursuite de la vérité. A cet égard, son jeune enthousiasme est sans bornes. « Connaître une douzaine de langues, » écrit-il aux mêmes amis, « pour consulter les sources et les documents, savoir assez passablement la géologie et l'astronomie pour pouvoir discuter les systèmes chronologiques et cosmogoniques des peuples et des savants, étudier enfin l'histoire universelle dans toute son étendue, et l'histoire des croyances religieuses dans toute sa profondeur; voilà ce que j'ai à faire pour parvenir à l'expression de mon idée. »

Les difficultés de la vie froissèrent au début sa noble ambition. Des circonstances de fortune lui faisaient un devoir d'entrer aussi vite que possible dans une carrière positive. Son père le destinait au droit; mais comme il était bien jeune encore pour suivre les cours de la faculté, on le plaça chez un avoué de Lyon. Ozanam se soumit en fils qui ne veut pas attrister la tendresse de ses parents, en homme attaché déjà au devoir. Mais il n'aima jamais le code, et ne considéra surtout dans le droit que le côté philosophique et littéraire. La jurisprudence proprement dite demeura pour lui sans attrait, et l'on comprend à quel point les premiers actes qu'il eut à copier le découragèrent. Pour se distraire des ennuis de la procédure, il apprenait l'hébreu et l'allemand, lisait sans cesse, et rédigeait une réfutation de la doctrine de Saint-Simon, qui lui valut l'approbation du journal *L'Avenir* et les félicitations de Lamartine.

Ce fut dans l'automne de 1831 que, seul à Paris, sans appui, dans une pension peu agréable d'ailleurs, il fit l'essai de son indépendance; il ne succomba pas à cette épreuve, quoiqu'il souffrît de son isolement. « Oh! non, je ne suis pas heureux, car il s'est fait chez moi une solitude immense, un grand malaise. Séparé de ceux que j'aimais, je sens chez moi je ne sais quoi d'enfantin qui a besoin de vivre au foyer domestique, à l'ombre du père et de la mère, quelque chose d'une indicible délicatesse qui se flétrit à l'air de la capitale. »

Ce *quelque chose* qu'il appelle *je ne sais quoi d'enfantin* et qui est la marque d'une âme pure, il le gardera toujours. Sans se laisser abattre par le douloureux mal du pays, il veut s'intéresser aux choses au milieu desquelles il vit. Partout le suit le travail d'une pensée sérieuse et vive. «J'ai vu le Panthéon, » écrit-il à sa mère dans sa première lettre, « singulier monument! Que signifie un tombeau sans croix, une sépulture sans pensée religieuse qui y préside? » La magnificence du chant et des orgues dans l'église de sa paroisse va effacer cette impression glaciale. « Un frémissement général agitait tous mes nerfs, en entendant retentir sous la voûte gothique cet instrument aux mille voix qui toutes s'unissent pour glorifier le Seigneur. Que la puissance de la musique est grande ! »

La Providence, qui a tant et de si merveilleux petits sentiers pour conduire nos destinées, avait autrefois à Lyon mis Ozanam, à propos d'une œuvre de charité, en rapport avec André-Marie Ampère. L'étudiant alla voir le grand physicien en arrivant à Paris, et gagna sans peine ses sympathies. Ampère, après l'avoir questionné avec intérêt, lui offrit de venir demeurer chez lui, au même prix de pension « que celui qu'il payait déjà, » et l'établit dans la chambre de son fils, alors en Allemagne, lui ouvrant toutes grandes les portes de sa bibliothèque. On comprend quel fut pour Ozanam le privilège d'une telle protection. L'affection qui l'unit plus tard au fils de son hôte illustre eut l'influence la plus heureuse sur sa carrière. Comment ne pas apprécier aussi la douceur de se retrouver dans un intérieur de famille et de prendre part à des conversations élevées ?

C'est une très bonne nouvelle pour ses parents. Il l'écrit à son père, il l'écrit encore à sa mère, à laquelle il a, paraît-il, communiqué maintes petites observations amusantes. Cette mère si distinguée ne craint pas d'entrer dans les détails, et recommande même à Frédéric de ne point oublier les bonnes manières. « Malheureusement, » lui répond celui-ci, « tous vos avis sur la politesse se trouvent paralysés par ce bon M. Ampère, qui veut toujours être servi le dernier, et qui s'impatiente quand on a l'air de lui faire quelque honnêteté. J'ai beau me débattre, il faut absolument que je me serve des premiers, sans quoi on se fâche. »

Ce petit trait de mœurs intimes n'est-il pas, dans la vie que nous étudions, comme le rayon de soleil qui illumine un tableau grave et sévère? Parfois encore nous apercevrons quelques éclairs de gaîté dans les affectueuses lettres du jeune homme, comme, lorsque répondant à des reproches que l'on retrouvera souvent sous la plume d'une mère, il reproduit en riant la somme des griefs de celle qu'il aime tant. « Vous vous plaignez, pauvre maman, de ce que votre fils vous abandonne, de ce qu'il n'a plus avec vous de ces conversations cordiales, de ces épanchements d'autrefois, de ce qu'il ne vous parle plus, ni de ce qu'il fait, ni de ce qu'il sent: vous en êtes réduite à vous *figurer* que vous avez un fils; et vous n'avez d'autre preuve de son existence que l'argent qu'il faut payer pour lui tous les mois. Je vous assure cependant, que s'il n'avait tenu qu'à lui de vous donner de meilleures preuves de son existence, en allant à Lyon, il l'aurait certes bien fait, et qu'il vous aurait tant embrassée, tant caressée, qu'il vous aurait bien convaincue que vous avez un fils Frédéric. »

Mais les préoccupations sérieuses reprennent toujours le dessus, et cette même lettre, commencée par un badinage amical, continue par le récit de ses déceptions, de ses difficultés de travail, de la tristesse que lui cause l'état politique de la France :

« L'obscurité de l'avenir déconcerte les meilleures résolutions ; à mesure qu'on devient plus grand, et qu'on voit le monde de plus près, on le trouve hostile à toutes les idées, à tous les sentiments auxquels on est attaché ; plus on a de contact avec les hommes, plus on y rencontre d'immoralité et d'égoïsme ; orgueil chez les savants, fatuité dans les gens du monde, crapule dans le peuple ; à la vue de tout cela, quand on a été élevé au milieu d'une famille généreuse et pure, on a le cœur saisi de dégoût et d'indignation, et l'on voudrait murmurer et maudire. Cependant l'Evangile le défend, il vous fait un devoir de se dévouer tout entier au service de cette société qui vous repousse et vous méprise. »

Ces accès de tristesse sont d'une âme noble, mais peu patiente encore, que le mal irrite et froisse. Il ne faudrait pas en conclure que Frédéric Ozanam cultivât la mélancolie et s'y complût. Ce serait le mal comprendre. Sa nature, au contraire, est enthousiaste; ses facultés morales et intellectuelles sont fortement colorées. Joubert a dit quelque part, qu'il y a des esprits, où il fait chaud. Eh bien! il fait chaud dans le cœur d'Ozanam, comme dans son intelligence, et rien qu'à lire ses lettres, à surprendre sa pensée, telle qu'il l'envoie, toute fraîche née, à sa famille et à ses amis, on sent que son regard est éloquent comme sa parole.

Le séjour d'Ozanam à Paris fut une période trop surchargée. Tant de pensers divers, tant de troubles de conscience, tant d'aspirations vers le bien, d'espérances et de projets conçus, se pressant en lui au début d'une jeune existence si remplie, d'ailleurs, par l'étude et les devoirs de l'amitié, tout cela usait déjà une santé essentiellement délicate. Il est inquiétant parfois, mais intéressant toujours de le surprendre dans ses agitations : « Oh! plus que jamais, me sont revenues toutes mes incertitudes, » écrit-il à un ami, « mes ambitions littéraires, le désir de faire du bien, confondu avec le désir d'acquérir de la gloire, et cependant la conscience de ma nullité, et cette nécessité où je suis de gagner ma vie, et de travailler pour de l'argent.... » Et ailleurs : « Ma conscience ne m'épargne point,[1] et placé entre le désir de faire du bien et beaucoup, et une faiblesse incroyable qui m'empêche de rien

[1] Lettre à son ami, M. Dufieux.

faire, je passe mes journées en reproches amers pour l'inexécution de mes résolutions passées, et en résolutions nouvelles que je n'exécuterai pas davantage, et qui me préparent de nouveaux reproches pour l'avenir. — Je sens s'accumuler sur ma tête la responsabilité des faveurs que je néglige chaque jour..... Je vous ai dit ma peine; je l'ai dite tumultueusement et sans ordre, comme je l'éprouve.... »

Cette même plainte tourmentée se retrouve dans beaucoup d'autres de ses épanchements intimes. « Que vous avez raison [1] dans ce que vous dites des combats intérieurs ! Hélas! j'ai le malheur de parfaitement comprendre ces combats douloureux. Au milieu des jouissances qui me sont prodiguées, une inquiétude vague et multiforme ne me quitte pas. Ma conscience a eu de terribles orages à souffrir; maintenant qu'elle est assez calme, c'est le tour de l'esprit; l'ambition d'agir me dévore; j'ai mille choses devant les yeux qui toutes me sollicitent, et dont je ne puis saisir aucune. » Oui, Ozanam aimait à agir, il n'était pas de ceux qui se perdent dans les rêveries, dans de vagues désirs d'idéal : le bien qu'il concevait, il voulait le pratiquer et se prouver sa propre foi par les faits. « Il est doux de rêver, » disait-il, « mais quand on rêve, on dort, on n'agit

Lettre à M. Lallier.

point; pour agir, il faut voir d'un œil imperturbable, d'une conviction assurée, le but sacré vers lequel on marche. »

Ozanam prit d'abord une part active à des réunions hebdomadaires de droit et d'histoire, dont tous les membres devaient, à tour de rôle, apporter à chaque séance leur concours; plaidoiries, travaux écrits, poésies récitées en faisaient l'aliment. Toutes les questions s'y trouvaient à l'ordre du jour, la discussion était libre, et malgré les règles assez sévères de l'admission de nouveaux sociétaires, les candidatures se multipliaient. « Nous nous sommes recrutés de jeunes hommes d'un talent supérieur, » écrit Ozanam; « il en est qui ont approché les théories de l'art, d'autres ont sondé les problèmes d'économie politique...., nous avons même deux ou trois de ces âmes choisies à qui Dieu a donné des ailes, et qui seront un jour des poètes, si la mort ou les tempêtes de la vie ne viennent pas les briser en chemin. »

Ozanam lui-même avait cette âme de poète qui souffre de l'instabilité des choses d'ici-bas. Mais homme d'activité, il s'intéressait avant tout à entendre discuter la portée scientifique et sociale de l'Evangile. Dans les débats toujours très courtois, bien que très vifs, que se livraient ces champions de la pensée philosophique, il fit souvent entendre une parole éloquente. Que d'heures utiles et charmantes passées dans cet échange d'opinions et d'idées! quelles liaisons solides et pour la vie durent se nouer! « Quelquefois, lorsque l'air était plus pur [1] et la brise plus douce, aux rayons de la lune qui glissait sur le dôme majestueux du Panthéon, le sergent de ville, l'œil inquiet, a pu voir cinq ou six jeunes hommes, les bras entrelacés, se promener de longues heures sur la place solitaire; leur front était serein, leur démarche paisible, leurs paroles pleines d'enthousiasme, de sensibilité, de consolation; ils se disaient bien des choses de la terre et du ciel; ils se racontaient bien des pensées, bien des souvenirs pieux; ils parlaient de Dieu, puis de leurs pères, puis aussi de leurs amis restés au foyer domestique, puis de leur patrie, puis de l'humanité. Le Parisien stupide qui les coudoyait en courant à ses plaisirs, ne comprenait pas leur langage.... J'étais avec eux.... et je puisais, moi, si pusillanime, quelques instants d'énergie pour les travaux du lendemain. »

On comprend qu'à une nature essentiellement expansive et affectueuse, aimant à donner comme à recevoir, il fallût des amis; on comprend encore mieux qu'Ozanam en rencontrât et en fût profondé-

[1] Lettre à son cousin, Ernest Falconnet.

ment aimé. Ce fut d'abord son cousin Pessonneaux, âme délicate et pieuse; puis MM. Lallier et Lamache, ses devanciers dans la pratique de la bienfaisance, le poète de la Noue; en un mot, cette élite de jeunes esprits qui, au milieu des tentations de Paris, voulurent rester fidèles aux traditions de la famille et de la religion.

La conférence scientifique et littéraire fit surgir chez Ozanam et quelques-uns de ses condisciples l'idée d'une petite société exclusivement chrétienne. En 1833, huit amis, à l'exception d'un seul n'ayant pas encore vingt ans, demandèrent à un homme de bien plus âgé qu'eux de les présider; ils eurent leurs assemblées régulières et convinrent qu'ils visiteraient des indigents désignés à leur intérêt. Chaque membre se chargea d'abord d'une famille nécessiteuse, s'engageant à lui porter, avec le pain du jour, la lumière et les consolations de la piété.

Les ressources pécuniaires étant peu abondantes d'abord, Ozanam et plus d'un parmi ses collègues écrivirent dans les journaux ou revues des articles dont le produit revint aux pauvres.

Ainsi débuta l'importante Société de Saint-Vincent de Paul. Ozanam accomplissait en la fondant le rêve de sa première jeunesse, il commençait la vie telle qu'il l'avait désirée pour lui-même, avec les deux faces lumineuses du travail et de la charité.

Une aimable distraction lui était proposée aux réceptions du jeune comte de Montalembert, il y retrouvait ses amis et un aliment à ses préoccupations favorites ; c'était pour lui un plaisir de s'y rendre : « On y cause beaucoup et d'une manière variée; on prend du punch et des petits gâteaux, et l'on s'en revient joyeux par bandes de trois ou quatre. J'y compte aller de temps en temps — M. de Montalembert a une figure angélique, et une conversation très instructive — l'on s'entretient de littérature, d'histoire, des intérêts de la classe pauvre, du progrès de la civilisation; on s'anime, on réchauffe son cœur, et l'on emporte avec soi une douce satisfaction, un plaisir pur, une âme maîtresse d'elle-même, des résolutions et du courage pour l'avenir. » — On en remportait aussi de l'enthousiasme : « L'avenir est à nous jeunes gens que nous sommes, réservons-nous donc, et raidissons-nous contre les ennemis et les tourmentes, songeons que la condition du progrès est la souffrance, et que l'amitié adoucisse les tristesses que nous ne saurions éviter. »

L'amitié adoucit, en effet, les siennes; car, nul plus qu'Ozanam ne la comprit et ne la pratiqua. Comme il devint tout naturellement et sans effort professeur missionnaire, il fut ami missionnaire aussi; par son exemple d'abord, par son charme entraînant, par les accents toujours sincères d'une âme ardente pour le bien. Après avoir voulu prouver à son jeune cousin combien il se sentait inférieur à lui sous bien des rapports, il ajoutait: « Tu vois combien peu je puis t'offrir et quelle faible contribution je puis t'apporter dans cette association que l'on nomme amitié,.... le temps est passé où notre affection mutuelle n'avait pour objet que de donner un charme de plus à nos jeux; à l'heure qu'il est, elle doit être la source d'une réciproque assistance, une alliance sérieuse entre ceux qui vont combattre le combat de la vie....» — « Courage, » lui répétait-il une autre fois, « te voilà dans la route du bien; reste solide et ferme dans les orages qui ne manqueront pas de fondre sur toi, garde-toi surtout du découragement, c'est la mort de l'âme.... Mon cher Ernest, que nos mains s'étreignent plus fort que jamais! L'avenir est devant nous, immense comme l'Océan; hardis nautoniers, naviguons dans la même barque. »

L'avenir est devant nous, immense comme l'Océan! C'est bien là le cri de la jeunesse; l'avenir, cet inconnu qu'elle peuple de tant de visions charmantes et où elle place tous les bonheurs rêvés, ce temps sans limites où il semble que tout sera possible, de quelles brillantes couleurs ne se revêt-il pas pour l'âme naturellement portée vers le beau et le bien? Que de nobles ambitions éveillées, que de résolutions prises, que d'aspirations caressées! Hélas! l'expérience n'a pas encore appris à l'adolescent sa propre inconséquence, ni les déceptions de la vie. Vétérans et désabusés, ne prenez point en dédain ce mirage de l'avenir; il a souvent aidé bien des efforts, il est devenu la source de bien des dévouements. On n'a pas fait tout ce que l'on voulait faire, c'est vrai; souvent l'on s'est assis le long du chemin, étonné de la peine et battu par l'orage; mais on a fait quelque chose pourtant, et l'on a glané en route ce qui vaut mieux que l'indifférence du blasé. Les découragés, les Renés disent et redisent leurs plaintes, mais les croyants se mettent à l'œuvre.

Ozanam est mort à quarante ans, et c'est avec respect que l'on considère une existence si tôt tranchée et si richement remplie d'œuvres et de travaux excellents.

Dans ce continuel commerce épistolaire avec des camarades, lorsque sa plume suit rapide le courant de sa pensée, on surprend bien par ci, par là, quelques bouffées d'un orgueil un peu naïf, un peu inconscient. C'est, sans doute, « dans un de ses moments de charité envers lui-même, » comme il les appelle plaisamment, qu'il s'adresse à Ernest Falconnet: « Peut-être un jour nous sera-t-il donné d'avoir répandu quelques bienfaits sur nos pas, et d'être salués hommes de bien parmi les sages. » Mais ces *moments* sont courts, et il fait bien vite de sérieux retours sur lui-même: « Depuis quelque temps, depuis surtout que j'ai vu quelques jeunes gens mourir, la vie a pris pour moi un autre aspect. J'ai senti que, jusqu'ici, je n'avais pas fait assez d'attention à deux compagnons qui marchent toujours avec nous, même sans que nous les apercevions: Dieu et la mort. »

Langage rare dans une bouche de vingt ans.

Tel que nous apparaît Ozanam, si intéressé à ce qui se passait, si bon observateur du mouvement contemporain, nous comprenons qu'il ait accusé de bonne heure ses opinions, surtout en matière religieuse. C'étaient celles d'un cercle de jeunes catholiques qui rêvaient généreusement l'alliance de l'Eglise et de la liberté.

Lui-même venait de s'établir à Paris, en 1832, quand la publication de *L'Avenir* ayant été suspendue, La Mennais, rebelle, s'était retourné, après l'avoir illustrée, contre cette Eglise responsable de son apostasie. Le P. Lacordaire et M. de Montalembert s'étaient soumis — au prix de quels combats intérieurs ? — Seuls ils l'ont su. Ozanam, plus jeune qu'eux, entré moins avant dans la lice où il pénétra davantage plus tard, ne paraît pas s'être beaucoup préoccupé de cet évènement. Une seule fois, parlant de l'intérêt qu'il trouvait aux soirées de M. de Montalembert, il ajoutait comme en passant : « Les points de doctrine sur lesquels Rome a demandé le silence, ne sont pas remis sur le tapis; la plus sage discrétion règne à cet égard. »

Quant à ses tendances en fait de politique, elles n'étaient pas celles qu'on penserait lui devoir être naturelles. Par son entourage, par ses croyances qui embrassaient jusqu'à la légende, par ses études qui le plongeaient avec délices en plein moyen âge, Ozanam devait être acquis aux idées royalistes. Il était certainement sympathique à la monarchie, parce que, sous elle, il avait grandi; parce qu'elle avait protégé ce qu'il aimait et vénérait. Mais il n'y tenait pas autrement, il n'était pas un adepte quand même de l'alliance du trône et de l'autel, et nous le verrons plus tard, avec un peu d'étonnement peut-être, disposé à se rallier à un régime nouveau.

Doué du sens social, plutôt que du sens politique, il se souciait moins de la forme des gouvernements que de leur influence sur l'humanité. Ce qui le préoccupait, en effet, c'était le sort des classes souffrantes et le devoir de les éclairer en les soulageant. « La question qui divise les hommes, » expliquait-il à M. Janmot, « n'est plus une question de formes politiques, mais une question sociale; une lutte se prépare, et cette lutte menace d'être terrible.... » — Et à un autre ami : « Un seul moyen de salut reste, c'est que, au nom de la charité, les chrétiens s'interposent entre les deux camps; qu'ils aillent, transfuges bienfaisants, de l'un à l'autre — qu'ils accoutument les riches et les pauvres à se regarder de nouveau comme frères. »

A ce pressentiment douloureux de l'avenir, Ozanam joignait des causes personnelles de trouble et d'angoisse. Il poursuivait ses études de droit, mais sans entraînement. Toutes ses inclinations le poussaient vers des travaux littéraires; le combat entre le devoir et le désir fut une des grandes difficultés de cette période de sa vie. « Jamais les lettres ne pourront m'être un délassement, » s'écrie-t-il, « vous avez vu par vos yeux ce qu'il m'en coûte pour écrire, et, cependant, soit amour-propre, soit tout autre motif, je ne puis me résoudre à dire un éternel adieu à ces amies si sévères qui me font payer si cher leur familiarité. On voudra me faire beaucoup plaider; et pourtant, il me paraîtrait dur de rester confiné dans l'étroite enceinte du forum. Est-ce orgueil ? est-ce vocation? est-ce inspiration d'en haut, ou tentation d'en bas? Tout ce que j'ai fait depuis cinq ans, est-ce raison? est-ce folie? Oh! mon cher ami, priez pour que Dieu réponde à toutes ces questions que je me fais chaque jour. » — Cette incertitude l'accablait : « Si ce n'était le sentiment de mon indignité morale, je désirerais que cette vie finît bientôt, et que le jour succédât à ce crépuscule nébuleux dans lequel je marche enveloppé, sans savoir sur quelle pierre mon pied se pose, ni vers quel but ma course se dirige. »

Etre avocat et devenir savant, telle avait été son ambition d'adolescent et, quoiqu'il fût arrivé à comprendre l'impossibilité de courir une double carrière, il tenait à honneur d'obtenir, avec le grade de docteur en droit, celui de docteur ès lettres. Dans ce but, il prépara de longue main sur Dante une étude, complétée plus tard sous le titre de : *Dante et la philosophie catholique au XIIIe siècle.*

Ozanam arrivait alors au terme de son séjour à Paris. Cette époque de cinq années, de 1831 à 1836, telle que la représente sa correspondance, est toute empreinte de gravité. Pas de plaisirs bruyants, pas de dissipation; quelques rares et gracieux épisodes le distraient seuls de ses préoccupations habituelles. Ce sont les semaines de congé qui le ramènent à Lyon; c'est une excursion à pied à la Grande Chartreuse avec son frère aîné, l'abbé Alphonse Ozanam; ou bien une visite à M. de Lamartine au château de Saint-Point. Sa rencontre avec le poète le ravit, l'enchante; il la raconte avec feu à M. L***, son ami : « Me voilà bien toujours avec mes phrases laudatives, avec mes admirations immodérées; que voulez-vous ? La vue de cet homme m'a vivement frappé. Bien qu'avant d'arriver chez M. de Lamartine, j'eusse lu et relu certain chapitre de l'*Imitation* contre le respect humain, j'étais véritablement fasciné en considérant à quelle hauteur le génie et la vertu peuvent porter une créature comme nous. » L'apparition de *Jocelyn* refroidit plus tard l'enthousiasme du jeune homme, sans effacer jamais sa première admiration passionnée pour Lamartine poète et homme d'Etat.

Mais la plus jolie diversion à la vie studieuse d'Ozanam devait être un voyage en Italie avec sa famille pendant les vacances de 1834. Pour cet esprit si ardemment tourné vers l'idéal, rien de plus précieux que ce complément d'éducation.

S'il prend peu de notes, il ne perd pas pour cela son temps, car son cœur a pris racine dans ce beau pays d'Italie. « Nous ne pouvons passer nulle part, » écrit-il, «sans y laisser quelque lambeau de nos affections, comme les agneaux qui laissent leur laine aux épines.... Rome, Florence, Lorette, Milan, Gênes, tous ces endroits ont gardé quelque chose de moi-même, et toutes les fois que j'y songe, il me semble que je dois y retourner prendre ce quelque chose qui est resté.» Ozanam gravit à Rome les escaliers du Vatican et contemple l'immortelle fresque de Raphaël, *la Dispute du saint Sacrement.* Tout à coup, sans qu'il s'explique pourquoi, la figure de Dante, entre toutes, arrête son regard, s'empare impérieusement de sa pensée et détermine le choix du sujet de sa prochaine thèse. Aussi les impressions laissées par son travail empruntent-elles leur caractère des lieux où jaillit l'inspiration première: « Pour moi, je sais que mes études sur Dante m'ont fait éprouver quelque chose de pareil à mon voyage de Rome: cette servitude douce et volontaire qui enchaîne l'âme parmi les ruines, la fait se complaire aussi au milieu des souvenirs. »

Ozanam avait bien, lui, « laissé de sa laine » aux buissons d'orangers fleurissants, et à chaque ami qui partait pour les rives de l'Arno ou du Tibre, il aurait volontiers demandé de la lui rapporter. Ainsi à M. Dufieux: « Vous allez donc voir ma pauvre Italie, vous foulerez cette glorieuse terre dont les souvenirs peuplent encore mon imagination. Vous mesurerez de l'œil ces monuments où si souvent se réfugie ma pensée. Nous aurons donc plus tard la joie d'en parler ensemble, un point de contact de plus entre nos cœurs. »

II

En quittant Paris, dès l'automne de 1836, pour rentrer définitivement dans ses foyers, Frédéric Ozanam, qui avait alors 23 ans, trouvait accompli, pour lui-même, le vœu qu'il avait formé pour tant d'autres jeunes gens. Fils d'une mère chrétienne, « il revenait tel qu'elle l'avait envoyé. » Il avait pressenti qu'il y a une joie indicible pour un père, pour une mère, à retrouver le même, après des années d'absence, le fils tant aimé, à le revoir confiant et pur comme autrefois, le cœur encore tourné vers les affections de la famille, fidèle au devoir et décidé à marcher dans les sentiers de l'honneur. Cette joie, ceux-là seuls qui, pour l'avoir éprouvée, en connaissent la profondeur, diront qu'entre toutes les grâces reçues du ciel, elle est peut-être la plus précieuse et la plus douce.

Ozanam, de retour auprès des siens, débute immédiatement dans sa profession d'avocat. Il plaide, il consulte, il se rend aux assises, il trouve un encouragement à répondre de cette manière aux vues de ses parents; mais quoi qu'il fasse, il ne peut renoncer à jamais aux lettres, il oscille « entre des études inconsistantes et des occupations importunes,» entre son inclination naturelle et ce qu'il considère comme son devoir. Ce qui le console, c'est d'avoir du bien à faire; car il est sûr au moins de ne pas errer et d'être sur un terrain solide. Son activité au sein de la Société de St-Vincent de Paul, dont nous avons retracé l'origine, est touchante. Quoiqu'il ne le dise pas, on peut présumer qu'il est le fondateur de la petite conférence naissante de Lyon, qui ne compte d'abord que quinze membres, et devient bientôt florissante sous sa direction. Il correspond avec les présidents d'autres conférences, il stimule leur zèle, insiste sur le caractère que doivent revêtir les visites aux familles pauvres, crée une mission pour la diffusion de l'Evangile parmi les militaires, une autre pour les petits apprentis, et félicite un artiste de ses amis, M. Janmot, d'avoir réuni des adhérents de leur œuvre à Rome et de les occuper à visiter les malades français dans les hôpitaux.

Ozanam avait dû, cependant, s'arracher quelques semaines à ses visites de charité et à ses plaidoiries, afin de se rendre à Paris pour la revision de son écrit sur Dante, lorsqu'il fut atteint par un coup aussi cruel qu'inattendu. On le rappelait immédiatement à Lyon, où son père, en descendant l'escalier d'un indigent, avait fait une chute mortelle. Frédéric, privé de la douceur de le revoir, ne reçut ni un dernier regard, ni une dernière bénédiction. Atterré, et comme éperdu, il exprime à un ami la nature de sa douleur :

« Parmi toutes les voix consolatrices qui sont venues de loin pour témoigner sympathie à mon malheur, la vôtre a été la première, et n'a pas été la moins douce; vous savez, vous aussi, quelle solitude fait dans une famille la perte d'un de ses chefs, la mort d'un père est accablante....; lorsqu'on vivait si paisible à l'ombre de cette autorité paternelle, de cette providence visible en qui l'on se reposait de toutes choses, et qu'on la voit disparaître tout à coup en se trouvant seul chargé d'une responsabilité inaccoutumée, au milieu de ce monde mauvais, on éprouve un des plus douloureux sentiments qui aient été préparés pour châtier l'homme déchu....; je suis maintenant pareil à celui qui, demeurant dans une région orageuse, sous l'abri d'un large toit, en lequel il aurait mis sa confiance, le verrait brusquement s'écrouler et resterait perdu sous la voûte infinie des cieux. »

Cette épouvante du cœur éprouvée par Ozanam, la cruelle privation d'un père tendrement aimé, ne sont pas ses seules tristesses. Les lourdes charges du chef de famille lui incombent; car son frère aîné est prêtre, souvent absent; son autre frère est un enfant. Les affaires de succession d'une fortune modeste l'angoissent, en le mettant aux prises avec des difficultés inconnues; au contact de l'égoïsme ou de l'indifférence qu'il rencontre parmi les hommes, son âme délicate, véritable sensitive, souffre et se replie. Et, plus que tout cela, sa mère à qui l'unissent tant de liens intimes et puissants, sa mère est malade et s'affaiblit. Cette santé précieuse est, du reste, depuis longtemps un objet de crainte pour lui. Nous ne résistons pas, quoiqu'il nous faille quelque peu retourner en arrière, au désir de reproduire un fragment d'une lettre où éclate sa tendresse alarmée.

C'était en 1835; il raconte à un ami qu'ayant quitté Paris pour arriver à Lyon le jour de la fête de Mme Ozanam, et voulant aussi, ce même jour-là, se rendre à l'église de bonne heure, il dut, à cet effet, s'arrêter à Mâcon. Mais par suite de l'impossibilité de trouver une voiture, force lui fut de faire à pied une partie de la route, et il n'arriva que le soir, à huit heures, chez lui, où il trouva toute la famille réunie.

« A ce premier embrassement s'est bien mêlée quelque tristesse. Les inquiétudes que j'avais eues sur la santé de ma bonne mère, n'avaient été que trop fondées. Vous vous souvenez de ce jour de chagrin et de cette lettre charmante que je vous communiquai — heureusement, à mon retour, une grande amélioration s'était faite; ma bonne mère n'était plus souffrante, mais elle portait les traces de ses souffrances passées, et, en la baisant, j'ai été effrayé de la maigreur de son visage. Tranquille pour le présent, je suis encore bien tourmenté pour l'avenir; je vois que cette santé, qui m'est si chère, s'est véritablement affaiblie, que sa sensibilité est devenue extrême, que peu de chose suffit pour la désoler, que sa bonté angélique est toujours en lutte avec son organisation maladive; avec cela, elle redouble de bonnes œuvres, et s'impose des fatigues devant lesquelles je reculerais. Mon cher ami, si vous avez deux places dans vos prières, donnez-en une pour la santé de ma mère, et l'autre pour moi; si vous n'en avez qu'une, qu'elle soit pour ma mère; c'est prier pour moi que de prier pour elle. »

La mort du chef de la famille porta une atteinte grave à la faible constitution de Mme Ozanam. Son fils la regardait respirer, et au deuil de son père se joignait une angoisse incessante. « Pourquoi faut-il qu'à mesure que l'auréole de sainteté entoure plus brillante cette tête chérie, l'ombre de la mort semble s'en approcher? » s'écriait-il. Mais il ne devait pas se laisser abattre. Jamais, peut-être, aucun moment de sa vie ne fut plus agité, ni plus fécond en décisions à prendre. De Paris, M. de Montalembert sollicitait son concours pour diverses publications;

Cousin voulait l'attirer à lui; mais ses obligations de fils le retenaient à Lyon, où on lui faisait espérer une chaire de droit commercial.

Malgré cette perspective, il restait troublé, hésitant, au point qu'il eut, à un certain moment, la tentation très forte d'imiter le P. Lacordaire et d'entrer dans l'ordre des Dominicains. D'autres fois, la pensée du mariage, qui tour à tour le charmait et l'effrayait, redoublait ses incertitudes. C'était un croisement d'aspirations contraires qui lui faisait demander à grands cris la lumière d'une direction. Il cultivait néanmoins toujours les lettres, « ses sévères amies, » qui l'attiraient irrésistiblement.

Son étude sur Dante était devenue quelque chose de plus qu'une thèse pour le doctorat ès lettres, lorsqu'il témoigna sa gratitude à son ami M. Lallier, qui allait être, auprès des futurs examinateurs, un bienveillant intermédiaire : « Je vous remercie de l'hospitalité que vous voudrez bien donner à ce pauvre Dante. Il est constant qu'en son vivant, et vers l'an de grâce 1290, il alla passer quelque temps à Paris; il assistait même aux leçons d'un certain Sugier (le Cousin d'alors) dans la rue Fouarre. Mais il m'est avis que la capitale a changé un peu depuis ce temps-là, que, d'ailleurs, le poète est devenu fort vieux, et verrait malaisément à s'y conduire;

ajoutez que la Sorbonne d'à présent ressemble peu à celle de S. Louis, et que Dante courrait risque de se présenter mal, s'il était seul, à la porte de M. X., qui n'est pas un S. Thomas d'Aquin. »

Cette thèse dénote un développement précoce. Plongeant d'un œil ferme dans les profondeurs de la *Divine Comédie*, Ozanam, à travers toutes les libertés et les fantaisies de la fiction, saisit le fil de la pensée du maître, et retrouve dans ses gigantesques et nombreux contours la route parcourue par le grand génie florentin. C'est ainsi qu'après avoir étudié le chef-d'œuvre littéraire du moyen âge dans les sources où il fut puisé, il arrive à y constater la présence d'une vaste philosophie, se rattachant à la fois aux systèmes de l'Orient, à ceux de l'antiquité, et par anticipation à ceux même des temps modernes — philosophie appartenant surtout aux deux grandes écoles mystique et dogmatique du XIIIe siècle, finalement éclectique, et poussant le poète jusqu'aux plus hardies conceptions de la science.

Mais quel que fût le génie de Dante, sa philosophie et sa science n'ont pas été exemptes d'erreurs et d'ignorances, et c'est ailleurs, c'est plus haut, qu'Ozanam trouvera son point de contact avec le poète, qu'il entendra la note harmonieuse et céleste qui correspond à la note de son âme.

Dans la dédicace de son *Paradis* à *Can Grande della Scala*, Dante déclare que « le sens de son ouvrage n'est point simple, mais multiple. Le premier sens, dit-il, est celui qui se cache sous la lettre ; le second est celui qui se cache sous les choses énoncées par la lettre. » Ce second sens allégorique et moral captivera surtout les méditations du jeune savant. Sans trop s'arrêter à la vision qui le charme pourtant par sa magique poésie, il s'attachera surtout à la série de conceptions correspondante qui s'y réfléchit et l'image ne sera bientôt plus pour lui que l'incarnation d'une idée. L'association merveilleuse de Béatrice et de Virgile pour conduire le poète n'est pas autre chose que l'union de la raison et de la foi pour amener l'homme à la liberté et à la paix. De même Léa et Rachel, Marthe et Marie, la grande comtesse Mathilde et Béatrice sont les figures représentatives de l'activité et de la contemplation.

Dans la *Divine Comédie* qui est vraiment « l'ébauche d'une histoire universelle, une immense galerie de la mort, où nulle grande figure n'échappe, » Dante, dit Ozanam, « alla tout d'abord chercher l'humanité au terme du voyage, où les innombrables pèlerins de la vie sont rassemblés pour toujours. » Sous les magnifiques allégories tour à tour sombres et lumineuses du poème, ce n'est pas tant l'histoire des héros de l'épopée dans l'infini qu'Ozanam étudiera ; mais celle de l'âme ici-bas, dans les conditions du péché, de la lutte du bien avec le mal, de la victoire du bien sur le mal. Le lien fraternel qui l'unit au poète immortel, c'est l'aspiration qui leur est commune vers la perfection et la félicité, et l'attrait éprouvé par Ozanam est si vif que la chaude coloration de la poésie dantesque passe dans son style de simple commentateur:

« Ainsi cette œuvre magnifique (*La Divine Comédie*) aurait subi la loi qui pèse sur toutes les œuvres humaines, elle aurait été enfantée dans la douleur, dans le remords et les larmes. La première inspiration serait venue de l'amour. Mais, comme sous les traits qui lui étaient chers, le poète chrétien savait reconnaître le reflet de la pensée créatrice ; comme pour lui, plus encore que pour Platon, le beau était la splendeur du vrai, il confondit dans un même culte, il devait confondre dans une même glorification, l'amour et la science. — Plus tard, dans l'épopée de l'amour et de la science, il fit une place à la justice. Ces trois grandes lumières du monde moral : la justice, la science, l'amour, illuminent les trois parties du poème, elles formeront comme la triple auréole que Dante voulut mettre sur la tête de sa bien-aimée. Obscure enfant des bords de l'Arno, à peine connue de ses concitoyens, sitôt oubliée dans sa tombe précoce, il avait promis de la faire à jamais célèbre . . . le nom de Béatrice a pénétré en tous les lieux où la douce langue d'Italie n'est pas étrangère; il se répétera dans tous les temps qui n'auront pas perdu l'héritage de la littérature chrétienne. »

L'année 1839 s'annonça pour Ozanam par un succès qui dut le toucher d'autant plus qu'il était un hommage rendu par sa ville natale à son caractère et à son talent. Le Conseil municipal de Lyon avait enfin créé, pour l'y appeler, une chaire de droit commercial. Il n'en avait pas encore pris possession, lorsque la mort de sa mère vint lui briser le cœur. « Notre âge semblerait devoir nous rendre, mon frère aîné et moi, plus fermes et plus courageux. Mais nous avons tant vécu de la vie de famille, nous nous trouvions si bien sous les ailes de notre mère que jamais nous n'avions quitté sans espoir de retour le nid natal. — Que mes soirées sont tristes et désolées quand un ami n'en vient pas interrompre la tristesse ! Mais surtout quelle perte pour les intérêts de mon âme ; douces exhortations, puissants exemples, ferveur qui réchauffait mon cœur tiède, encouragements qui relevaient mes forces ! Et puis, c'était elle dont les premiers enseignements m'avaient donné la foi . . . Cette chère mémoire ne nous abandonnera pas —

tous mes désirs se confondent en un seul, mourir comme ma mère. »

La trace laissée par cette mère est si profonde dans l'âme de son fils qu'elle s'y prolongera à travers toute la vie sans s'effacer jamais. Nous avons recueilli plusieurs fois sous la plume d'Ozanam ce cri de reconnaissance : « Heureux l'homme à qui Dieu donne une sainte mère ! »

Quatre mois avant de mourir lui-même, dans une de ces heures où la vie apparaît dans son ensemble avec une gravité inaccoutumée, Ozanam notait comme le premier des bienfaits de Dieu d'avoir eu des parents tels que les siens. Un père qui voulut toujours compter dans sa clientèle un tiers de malades indigents, et ne négligea jamais les études de ses fils ; une mère qui « nous gouvernait par la confiance, par le sentiment du devoir. Aurais-je osé lire la page qu'elle me défendait dans un livre, tout en me le laissant sur ma parole ? Pendant mon séjour de Paris, elle ne me perdit pas de vue, elle sut ce que je faisais, mais je ne m'en doutais pas, je me sentais libre, et je ne m'en considérais que plus lié. Si un jour ma fille élève des fils, je lui recommande cette conduite ; c'est ainsi qu'on inspire des sentiments généreux, qu'on donne des ailes à l'âme, et qu'on l'habitue à se porter au bien par un essor dont elle est fière, au lieu de l'y enchaîner par les liens d'une servitude humiliante qu'elle a hâte de secouer. »

Ozanam se rappelait-il, en traçant ces lignes, le jour bien éloigné où, se rendant à Paris dans un salon ami, celui de Mme Récamier peut-être, il trouva la société prête à se rendre au spectacle? Pressé de se joindre à la partie de plaisir, il allait céder, quand une réflexion traversant son esprit, il refusa : sa mère n'aurait pas aimé à le voir aller au théâtre ! Châteaubriand, touché, l'approuva.

Le sentiment filial d'Ozanam nous a porté à devancer les temps; revenons aux premiers jours de son deuil. Le travail l'obligea à sortir de lui-même. Son cours commença le 16 décembre; une foule énorme écouta le discours d'ouverture. On brisa portes et fenêtres, et l'affluence continua aux leçons suivantes. Encouragé par ce premier succès, il songea, se conformant ainsi à de nouvelles instances de M. Cousin, à se préparer pour un concours de littérature. On lui faisait espérer, dans un avenir prochain, la suppléance d'Edgar Quinet à Lyon, sans aucun préjudice de la chaire de droit commercial. Mais le ministre mettait à sa faveur une condition : c'est qu'Ozanam revînt à Paris en automne, afin de concourir pour l'agrégation, institution nouvelle que le gouvernement tenait à voir réussir.

Le mois de septembre arriva et, avec lui, les redoutables épreuves. Ozanam en sortit premier, avec l'offre d'une entrée immédiate en Sorbonne, comme suppléant de M. Fauriel, professeur de littérature étrangère. Il eut un moment d'hésitation. Son poste de Lyon si promptement déserté, cet adieu à ses foyers, ce brisement avec tant d'affections et de souvenirs, tout cela coûtait à sa fidélité; mais refuser, c'était se fermer un avenir « providentiellement ouvert. » Paris et la Sorbonne, voilà ce qu'il fallait aux brillantes facultés du jeune professeur. Il accepta.

Ce fut par conscience littéraire, et pour arriver armé de toutes pièces à son prochain cours sur la littérature allemande au moyen âge, qu'il fit un voyage aux bords du Rhin. Il voulut s'imprégner de ce quelque chose qui est dans l'atmosphère d'un pays, dans la physionomie de ses habitants, dans la couleur de son ciel, de ses fleurs et de ses forêts, de tout ce qui aide enfin à s'identifier à l'esprit, à l'histoire d'un peuple, et que les livres n'enseignent pas. Ce voyage, bien que fait à la hâte, laissa sur lui une forte empreinte: « Il n'est pas un coin sur ma route, où mes affections ne se soient un moment accrochées, pas un adieu qui ne m'ait coûté. J'aurais voulu, du moins, emporter par la pensée ce que les regards abandonnaient. »

Il se disposa bientôt à recueillir le fruit de ses études, à s'asseoir dans une des chaires les plus attrayantes de l'Université et, comme si ses succès devaient recevoir la consécration d'une bénédiction plus grande encore, une espérance radieuse l'accompagnait à ses premiers pas dans la vie nouvelle. A une époque antérieure, il disait déjà de lui: « Je sens en moi se faire un grand vide que ne remplissent ni l'amitié, ni l'étude; j'ignore qui viendra le combler, sera-ce Dieu? Sera-ce une créature? Si c'est une créature, je prie qu'elle ne se présente que tard, quand je m'en serai rendu digne; je prie qu'elle apporte avec elle ce qu'il faudra de charmes extérieurs, pour qu'elle ne laisse place à aucun regret; mais je prie surtout pour qu'elle vienne avec une âme excellente, qu'elle apporte une grande vertu, qu'elle vaille beaucoup mieux que moi, qu'elle m'attire en haut, qu'elle ne me fasse pas descendre, qu'elle soit généreuse parce que je suis pusillanime, qu'elle soit fervente parce que je suis tiède, qu'elle soit compatissante, enfin, pour que je n'aie pas à rougir devant elle de mon infériorité. »

Ce souhait d'un heureux mariage devait être exaucé. Au moment de quitter définitivement Lyon pour la Sorbonne, Ozanam se confiait à M. L.: « En même temps que la Providence me rappelle sur ce terrain glissant de la capitale, elle semble vouloir m'y donner un ange gardien pour consoler ma solitude; je pars en laissant conclue une alliance qui se terminera à mon retour, ... vous me verrez heureux, ce sera pour compenser le partage que vous fîtes si longtemps de mes douleurs. » — Nous l'entendons enfin, ce cri d'allégresse si naturel dans la bouche des jeunes, et qui n'avait pas encore retenti dans la vie grave et souvent attristée d'Ozanam. Aussi, comme elle est bien venue, comme on l'accueille avec respect la messagère et l'incarnation de ce bonheur naissant! « Que Dieu me conserve pendant cet exil de six mois, » s'écrie le fiancé, « celle qu'il semble m'avoir choisie, et dont le sourire est le premier rayon de bonheur qui ait lui sur ma vie depuis la mort de mon pauvre père ! »

III

Après la célébration de son mariage, à Lyon dans l'église de St-Nizier, le 23 juin 1841, Ozanam décrivit lui-même la touchante cérémonie à M. L.: « Que n'étiez-vous là, je vous aurais présenté à la charmante épouse qui m'était donnée; vous aussi, elle vous aurait salué de ce gracieux sourire qui enchantait tout le monde; et, depuis cinq jours que nous sommes ensemble, quelle sérénité dans cette âme que vous connaissiez si inquiète, si ingénieuse à se faire souffrir! — je me laisse être heureux, le bonheur dans le présent c'est l'éternité; — je comprends le ciel; — aidez-moi à être bon et reconnaissant. Quelle différence d'avec ces jours où vous me vîtes si triste à Paris! »

Il n'eut garde d'oublier Jean-Jacques Ampère dans les effusions de sa félicité ; il s'ouvrit à ce fils de son premier protecteur, à cet ami aux suffrages et au désintéressement duquel il devait en grande partie sa position: « Aujourd'hui, il faut que je prenne toutes les libertés qu'aime le cœur, et dans mon doux orgueil de nouvel époux, je me sens plus hardi. C'est donc avec une simplicité toute fraternelle que je viens vous faire part de mon bonheur. Il est bien grand. Il dépasse toutes les espérances et tous les rêves; et, depuis mercredi dernier, jour auquel la bénédiction de Dieu est descendue sur ma tête, je suis dans un enchantement calme, serein, délicieux, dont rien ne m'avait donné l'idée. L'ange qui est venu à moi avec tant de grâces et de vertus, est comme une révélation nouvelle de la Providence dans mon obscure et laborieuse destinée. Je suis tout illuminé de plaisir intérieur — mais cette lumière qui me remplit l'âme, n'y saurait laisser dans l'ombre les souvenirs qu'accompagne la reconnaissance. — Si ma position actuelle est une espérance de plus dans mon bel avenir, vous savez quelle part vous y avez prise. »

Ce sentiment de bonheur persista jusqu'au dernier soupir d'Ozanam, sans être affaibli par les étreintes de la maladie ni par les approches de la mort. Pour le croyant, les affections sont éternelles.

Le mariage du jeune professeur fut suivi d'un beau voyage en Italie. Quand aux enchantements du cœur viennent se joindre ceux de l'art et de la nature, il semble que pour quelques instants l'on n'ait plus rien à désirer. Ozanam allait non seulement retrouver « son Italie, » mais en découvrir les attraits à sa compagne. Quelles gracieuses leçons ne dut pas recevoir Mme Ozanam sur les personnages historiques dont Capri réveille le souvenir, Tibère, Barberousse, Conradin, et sur l'antiquité grecque à Syracuse, à Agrigente, à l'ombre des ruines de Pæstum! Elle, qui voyait tout à travers sa grande affection, s'instruisait vite. Ce qu'on apprend par le cœur se grave à tout jamais. Ozanam, de son côté, éprouvait un charme indéfinissable à voir se reproduire dans une âme aimée les surprises, les émotions, les enthousiasmes par lesquels il avait lui-même passé.

Le nouveau suppléant rentrait en décembre 1841

à la Sorbonne, où la jeunesse universitaire l'attendait sympathique et frémissante. Ce n'était jamais sans émotion qu'il montait à son fauteuil. Au commencement de la leçon il était généralement embarrassé, le geste un peu gêné, la parole hésitante; mais le premier moment écoulé, lorsque, sous l'empire de la conviction, le jet de sa pensée s'échappait rapide, son éloquence subjuguait l'auditoire. Elle entraînait aussi parce qu'elle émanait d'une âme ardente et pure, d'une imagination généreuse et brillante.

Dans une notice riche de faits et d'appréciations délicates, M. le docteur Dufresne, de Genève, parle en ces termes d'une séance dont il a gardé l'ineffaçable souvenir: « Sans l'avoir cherché, Ozanam trouva un prodigieux effet d'éloquence. Le professeur avait disparu, il n'y avait plus qu'un poète inspiré. » Comme l'a également si bien dit Ampère dans la préface de la correspondance d'Ozanam, celui-ci « aimait les grandes idées et savait en inspirer la passion. » Il aimait aussi ses élèves et se donnait à eux en dehors des cours, comme dans une autre sphère il se donnait aux pauvres. Le professorat était à ses yeux une espèce de sacerdoce, dans l'exercice duquel il ne perdait aucune occasion de proclamer les principes chrétiens et d'en faire découler les plus hautes considérations morales.

A côté de cet apostolat naturel et de tous ses travaux historiques et littéraires, il prenait part à des réunions d'ouvriers, à d'autres œuvres encore ; et cette activité ne laissait pas que de le fatiguer ; mais au moins trouvait-il le repos dans un charmant intérieur, enrichi cet hiver-là par la présence de MM. Alphonse et Charles Ozanam : « J'ai le bonheur d'avoir ici mes deux frères. En même temps, nous avons amené notre vieille bonne, notre brave *Guigui* ; elle ne pouvait se résoudre, après plus de soixante ans de service, à quitter les enfants de ses maîtres. Ainsi, vous le voyez, j'ai emporté, en quelque sorte, les murs de la maison paternelle pour les relever à Paris ; tous les portraits de famille, quelques vieux meubles de ma grand'mère, ces reliques auxquelles s'attachent tant de souvenirs ; nous avons repeuplé ainsi notre existence, autrefois un peu solitaire, et mon contentement serait parfait si la santé de ma femme, quoiqu'à peu près rétablie, ne me laissait toujours quelque inquiétude pour l'avenir. »

L'avenir ne lui réservait rien de si redoutable et lui devait apporter, au contraire, un avancement dans la carrière qui le combla de joie, tout en lui laissant un triste regret.

Fauriel, dont il remplissait les fonctions, succomba à ses infirmités, et la chaire des littératures étrangères devint vacante. Un enseignement de quatre années, couronné de succès, semblait désigner Ozanam à l'unanimité des suffrages ; toutefois une minorité du Conseil de l'instruction publique, alléguant la jeunesse du suppléant, proposait de ne lui laisser son poste qu'à titre de chargé de cours. Ce provisoire, vu l'état politique du pays, effrayait Ozanam qui, sans aigreur, se préparait d'avance à accepter avec calme l'arrêt du Conseil royal et de la Faculté. « Il ne désirait que la fermeté, la soumission, la paix du cœur ; la résignation à tout, même à l'incertitude qui est peut-être la plus pénible chose à supporter, mais dont il faut bien prendre l'habitude enfin, puisqu'elle est en tout, dans la vie, dans la santé, dans la fortune, dans la mort ! »

Quatre mois cependant après la mort de M. Fauriel, et malgré l'opposition qui se fit jour jusqu'à la dernière heure, Ozanam reçut la nouvelle officielle de sa nomination comme professeur titulaire. Son grand bonheur fut modeste. « Il est presque humiliant, » avouait-il à J.-J. Ampère, « d'être si ému d'un avantage temporel ; mais dans le premier moment, cette fin mise à tant de craintes et de sollicitudes, cette sécurité naissante, ce sentiment de paix nous a touchés, Amélie et moi, plus que je n'ose dire.... j'étais si heureux de voir que cette vie si chère, attachée à ma vie, serait désormais assurée, autant que faire se peut humainement, contre les soucis et les vicissitudes qui fatiguent les plus nobles cœurs ; qu'un rang honorable et digne d'elle lui était donné . . . nous ne savions pas qu'on eût tant besoin de ses amis dans le bonheur . . . il faut que vous jouissiez un peu de ce que vous avez fait ; vous, qui, après Dieu, êtes l'auteur de toute cette prospérité; vous, qui m'avez pris comme un frère dans la maison de votre saint et glorieux père, qui m'avez conduit d'épreuve en épreuve, et de degré en degré dans cette chaire où je ne m'asseois que parce que le seul homme qui en fût vraiment digne n'a pas voulu l'occuper. »

C'est le cachet des grandes âmes de savoir être reconnaissantes et d'éprouver de la joie à l'être. Dans le domaine du cœur les dettes étaient chères à Ozanam, et le temps n'affaiblit jamais chez lui, au contraire, le souvenir des grâces reçues. Ampère, dont l'âme pouvait recéler une tendresse infinie, se sentit touché de cette chaleureuse gratitude ; il dut se féliciter d'avoir contribué à assurer à son ami un avenir, duquel allait dépendre bientôt encore une jeune et précieuse existence. « Mes amis ont beaucoup à faire cette année, » écrivait Ozanam à l'honorable M. Foisset, le 7 août 1845, « pour m'aider à remercier Dieu. Après tant de faveurs qui fixaient ma vocation dans ce monde, qui mettaient fin à la dispersion de ma famille, un bienfait nouveau est venu me faire connaître la plus grande joie peut-être qu'on puisse éprouver ici-bas; je suis père. »

Quelle place ne prendra pas désormais *petite Marie* au foyer paternel! *Petite Marie*, envoyée du ciel, est chargée d'apporter des rayons et des sourires dans une existence sérieuse, un joli bruit dans un intérieur où le travail fait le silence, un peu d'enfance où il y a tant de maturité, le couronnement enfin et l'épanouissement d'un grand bonheur domestique. *Petite Marie* ne tarde pas à remplir sa mission, et l'on peut rendre bon témoignage d'elle à son parrain M. Lallier :

« Votre filleule se porte bien, et se conduit encore mieux, ayant fini par s'entendre à merveille avec sa bonne mère qui la nourrit sans trop de fatigue. Je ne sais rien de plus doux sur la terre que de trouver, en rentrant chez moi, ma femme bien-aimée, avec ma chère enfant dans ses bras. Je fais alors la troisième figure du groupe, et je demeurerais volontiers des heures entières dans l'admiration, si tôt ou tard des cris ne venaient me rappeler que la pauvre nature humaine est fragile ; que sur cette petite tête, bien des périls sont suspendus, et que toutes les joies de la paternité ne sont données que pour en adoucir les devoirs. »

Une année plus tard, nouvelle expansion de *joie* : « J'ai choisi pour ma Thébaïde les collines de Meudon ; ma petite cellule est bien habitée, et j'y fais une retraite peu méritoire entre Amélie et votre chère filleule — nous bénissons Dieu du bonheur qu'il nous a donné avec notre enfant — recevez les compliments que toute la famille vous envoie. Petite Marie voudrait certainement vous écrire, mais elle dort à l'heure qu'il est. »

Après une grave maladie, survenue en septembre 1846, les médecins prescrivirent une année de repos à Ozanam. Comme il lui eût été impossible de rester inactif à Paris, l'on songea à un voyage, et les désirs du convalescent se portèrent immédiatement vers l'Italie. Pourquoi ce retour à des lieux déjà connus? C'est que Rome, une fois qu'elle a pris possession d'une âme, la retient à jamais captive. C'est qu'il y a un charme indéfinissable attaché à la terre italienne, charme qui se mêle, pour ne s'en plus séparer, à toutes les fortes affections qu'on y a portées avec soi comme à tous les sentiments nouveaux qu'on a pu y éprouver.

Si un Ozanam y associe ses impressions d'une vie heureuse entre sa femme et son enfant, d'autres, et c'est le grand nombre, y conservent pieusement la mémoire d'une félicité perdue. La souffrance attire plus que la joie; aussi les ressouvenances de J.-J. Ampère, lié aussi à cette patrie des grands esprits, nous paraissent-elles revêtir un caractère encore plus touchant que celles d'Ozanam. Lorsque l'aimable historien de *Rome à Rome* nous mène « sur quelqu'un de ces chemins qu'on n'oublie jamais, » lorsqu'il nous fait assister, de la terrasse de St-Jean de Latran ou de la villa Wolkonski, à l'un de « ses couchers de soleil, » on sent qu'il a côtoyé plus d'une fois le bonheur sans l'atteindre et que son cœur porte des deuils.

L'épreuve, hélas! marquera bientôt aussi le front de son jeune collègue. Le voyage d'Ozanam en 1846 se fera bien encore « dans un état de perpétuel enchantement; » mais, comme si la mélancolie devait être aussi inséparable d'une noble vie que d'une terre couverte de ruines, c'est en Italie qu'Ozanam, quelques années plus tard, sentira ses forces décliner et se préparera à mourir. Pour le moment, il part avec une gaieté, une invincible bonne humeur qui sont au fond de son caractère, mais qu'il retrouve toutes juvéniles à la pensée de laisser quelques mois derrière lui les soucis et les préoccupations de chaque jour.

Il ne perdra cependant pas de vue les intérêts de son enseignement. Ses études porteront sur deux points principaux : l'art et l'histoire littéraire. Mais il y aura encore pour lui et sa jeune femme la part plus intime des émotions religieuses, des heures passées ensemble dans les sanctuaires.

A Florence, le caractère menaçant de l'architecture le reporte aux temps les plus sombres de l'histoire de « la Fleur des villes. » — « Comment, à l'ombre d'une architecture si sévère, a pu se développer et s'épanouir une peinture si naïve, si pleine d'innocence, de grâce et d'un céleste éclat ? Comment, au milieu des guerres civiles, des trahisons, des vengeances, a pu se faire l'éducation de toute cette école de peintres qui a des anges dans ses rangs ? Où prenaient-ils ces vierges et ces chérubins ? C'est qu'il faut passer par la croix pour aller à la gloire; c'est dans les rigueurs de la pénitence et les douleurs de la vie que descendent les visions du ciel; c'est de la souffrance que naît l'amour, et de l'amour toutes les sortes de beauté. Tout ce mystère de l'art florentin est déjà contenu dans la *Divine Comédie*, où mes pensées reviennent naturellement en apercevant la pierre sur laquelle Dante venait s'asseoir. Les abords du poème ont aussi je ne sais quoi de menaçant et de sinistre. Mais passez la porte et franchissez l'enceinte de l'*Enfer*, et vous verrez si les nuages du *Purgatoire* n'égalent pas les plus charmantes compositions de Giotto, et si le paradis du poète n'est pas aussi lumineux que celui d'Angelico de Fiesole. »

Ozanam nous surprend toujours par ses connaissances en architecture; un tact exquis le sert, il est vrai, souvent; il dépeint toutefois un style, et se rappelle les mille détails d'un édifice aux genres multiples avec une sûreté d'appréciation que l'on ne pourrait attendre que d'un architecte de profession. Mais quand il s'agit de peinture, toute son âme y passe; ce n'est plus le spectateur, c'est l'artiste, c'est l'homme qui aurait pu penser les œuvres des maîtres, ou qui, du moins, sentant comme eux, les comprend à première vue. Giotto et Fra Angelico n'iront pas jusqu'à faire ombre à Raphaël dans l'admiration d'Ozanam ; il y a affinité seulement entre leurs aspirations et les siennes. Sous le pinceau naïf et d'apparence enfantine de Giotto, dans le regard profond et pur des figures du bienheureux de Fiesole, il a saisi la pensée spiritualiste, l'idéal chrétien, la foi qui est amour. Il a reconnu des frères.

Ozanam est tellement chez lui en plein moyen âge qu'il s'arrête à Assise pour y surprendre la trace de S. François, l'apôtre de la contrée. Nous avouons ne pas pouvoir le suivre jusque là. On s'incline devant toute croyance sincère ; mais on n'en éprouve pas moins de l'étonnement qu'un esprit aussi éclairé ait ajouté foi à des superstitions d'un goût parfois douteux. Nous aimons mieux descendre avec le pieux voyageur dans les catacombes de Rome, partager son émotion à la vue de ces lieux d'où tant de fidèles furent arrachés à la célébration des sacrements pour être menés au supplice, et étudier, sculptés ou peints, les symboles du bon Pasteur, de la résurrection, du Saint-Esprit. Nous l'accompagnons volontiers encore au Mont Cassin, dans la célèbre bibliothèque de l'abbaye, où les savants religieux lui ouvrent la salle de leurs archives et lui permettent de copier quelques fragments des manuscrits relatifs aux traditions bénédictines.

Le grand, le puissant intérêt de Rome était alors la personne de Pie IX qui venait de monter sur le trône. Nul plus qu'Ozanam ne partagea les espérances que faisait naître le nouveau règne. Il crut voir l'Eglise entrer, pour n'en plus sortir, dans une voie meilleure et nouvelle, et quitta Rome sous cette impression, emportant le souvenir de la figure vénérable du pontife, dont l'accueil avait été des plus bienveillants.

Après Rome, Venise. « Que d'heures charmantes, que de moments trop tôt passés en gondole, sur les lagunes et sur la grève du Lido, où nous trouvions enfin les flots retentissants de l'Adriatique! Que d'intéressants pèlerinages chez les bons Arméniens de St-Lazare, qui font si bien les honneurs de leur petit couvent aux briques rouges et aux riants jardins; aux îles de Murano, de Torcello, où d'antiques sanctuaires survivent encore à une postérité qui n'est plus! »

Ozanam rentra à Paris par la Suisse. Il s'était acquitté de la mission littéraire dont le ministre l'avait chargé, et rapportait toute la matière du livre publié en 1850 sous ce titre: *Documents inédits pour servir à l'histoire littéraire de l'Italie depuis le VIII*e *siècle jusqu'au XIII*e. L'opuscule des *Poètes franciscains* dut également le jour aux études et aux inspirations de ce voyage.

IV

Mais voici venir la révolution de 1848, une de ces époques où les caractères se dessinent, où les hommes, pris à l'improviste, montrent ce qu'ils sont. Sous le poids des évènements, les uns montent, les autres descendent l'échelle morale. Ozanam reste conséquent avec lui-même. En présence des troubles et des malheurs qui en accompagnent la chute, il regrette la monarchie. Froissé dans ses souvenirs et dans ses convictions, compromis dans sa position à la Sorbonne, il regarde avec tristesse le passé s'enfuir, chassé par le flot révolutionnaire. Il a dû laisser échapper quelques-uns de ces mots qu'arrache aux nobles cœurs le spectacle des grandes infortunes; et si nous les avons cherchés en vain dans ses *Lettres*, c'est qu'il les a, sans nul doute, réservés pour ses conversations intimes.

Malgré ses regrets, il garde un élément de confiance dans le nouvel état de choses. Il croit à la possibilité d'une démocratie chrétienne; il ne croit même plus qu'à cela, et ne refuse pas son concours dans les circonstances difficiles que traverse la France. Inscrit sur plusieurs listes pour l'élection des députés de l'Assemblée nationale, il conseille à ses amis de ne pas éparpiller leurs suffrages et de les concentrer, moins sur des hommes de son parti, que sur des républicains qualifiés pour protéger encore les intérêts de la patrie. [1]

Plus tard, néanmoins, il accepte à Lyon une candidature, parce qu'il lui semble voir un appel à son dévouement dans ce choix de ses concitoyens. Mais proposée à la dernière heure et en son ab-

[1] Ce travail était entièrement terminé, quand un article de M. le comte de Champagny, dans *La Défense* (18 et 19 avril 1879), nous a appris qu'une Irlandaise, Miss O'Meara, a récemment publié, sur le sujet qui nous occupe, un livre dont nous n'avons pas encore pris connaissance.

sence, cette candidature ne réunit pas le nombre de voix suffisant. Son amour-propre n'en est point froissé, et malgré une santé déjà gravement atteinte, il sert la France sous l'uniforme du garde national, protégeant suivant les jours l'Assemblée où il n'a pu entrer. Son poste est souvent périlleux. « Nous avons eu de mauvaises patrouilles à faire sur le boulevard;.... je dois avouer que c'est un terrible moment que celui où l'on embrasse sa femme et son enfant, en pensant que c'est peut-être pour la dernière fois. »

Ce qu'Ozanam n'écrit pas, mais ce que ses amis savent bien, c'est qu'aux journées de juin, le 25, MM. Cornudet, Bailly et lui, de garde ensemble, rue Madame, conçurent soudain la pensée d'une intervention de l'archevêque pour arrêter la lutte terrible. Ils se rendirent auprès de Mgr Affre et en furent reçus avec une touchante bonté. L'ayant accompagné chez le général Cavaignac, ils voulurent le suivre jusqu'aux barricades, c'est-à-dire jusqu'à la mort. Le prélat, qui craignait de paraître protégé par la force armée, ne le leur permit pas.

Le martyre de l'archevêque causa d'abord à Ozanam comme un poignant remords; puis, plus tard, laissa un rayon lumineux dans son âme. Il lui sembla qu'on ne pouvait désespérer d'un monde où se produisaient de telles abnégations. Il ne mit plus sa confiance qu'en Dieu et dans le souvenir de cette fin héroïque.

C'est sous l'empire de ces sentiments qu'il demandait que, loin de maudire les foules égarées, on les éclairât en les aimant. « J'ai toujours approuvé, » disait-il à son frère aîné qui se trouvait alors à Lille, « et maintenant je suis heureux d'avoir partagé ton penchant pour les ouvriers, ces hommes laborieux, pauvres, étrangers aux délicatesses et aux politesses de ce qu'on appelle les gens bien élevés. Si un plus grand nombre de chrétiens, et surtout d'ecclésiastiques, s'étaient occupés d'eux depuis dix ans, nous serions plus sûrs de l'avenir, et toutes nos espérances reposent sur le peu qui s'est fait jusqu'ici. » « Il est bon de voir chez eux,[1] de voir désarmés, entourés de leurs femmes et de leurs enfants, ces pauvres gens qu'on a trop vus au club et aux barricades. On reconnaît alors avec étonnement ce qu'il y a encore de christianisme dans ce peuple, par conséquent tout ce qu'il y a de ressource. Ah! si nous avions des saints ! »

Mais les saints en ce sens, c'est-à-dire ceux qui peuvent sauver les sociétés menacées, ne sont pas nécessairement des pontifes ou des êtres exceptionnels ; ce sont bien plutôt des hommes parfois très éloignés de la parfaite sainteté, mais qui aiment et

[1] Lettre à M. Foisset, septembre 1848.

se dévouent. C'est celui qui dans l'ombre enseigne, secourt, pardonne; c'est la femme qui panse les plaies du blessé et reçoit chez elle une sœur tombée, c'est la religieuse ou la diaconesse qui veille à l'hôpital ; et il y aura de ces saints-là tant que l'Evangile pénétrera dans les cœurs.

C'est surtout au point de vue religieux que l'état de la France depuis 1848 attristait Ozanam. Il fit preuve en ces temps troublés d'un courage moral qui l'honore, et la position qu'il sut prendre et garder est un des secrets de l'influence considérable exercée par lui sur les étudiants. Précédemment déjà, il lui avait fallu la plus grande énergie pour n'incliner ni à droite ni à gauche. Il aurait pu, par son indépendance même, perdre d'un côté la faveur de ses supérieurs, de l'autre celle des hommes de son parti; mais telle est la puissance de la considération accordée à la loyauté que, lors de sa nomination définitive à la Sorbonne, nul n'avait exigé de lui la moindre concession de principes.

Ses convictions n'étaient cependant pas celles de la majorité de ses collègues. Bien plus encore, lorsque le comte de Montalembert avait porté devant la Chambre des pairs la cause de la liberté de l'enseignement, Ozanam, qui partageait avec Lacordaire les vues de l'orateur, s'était trouvé placé dans une alternative délicate. Toujours sincère et toujours charitable, il sut, sans tromper personne sur ses préférences, rester fidèle à son devoir de membre de l'Université. « Aussi, dit le P. Lacordaire, pas un seul moment de défiance ou de froideur ne diminua-t-il le haut rang qu'il avait parmi nous ; il garda tout ensemble l'affection des catholiques et l'estime du corps dont il faisait partie, et en dehors des deux camps la sympathie de cette foule mobile et vague qui est le public, et qui, tôt ou tard, décide de tout. »

Mais lorsqu'après la révolution de 1848, à laquelle nous revenons, des divisions se firent jour au sein même du parti catholique, Ozanam, un des représentants de la tendance la plus large, eut un mérite plus louable et plus grand encore à maintenir l'intégrité de ses opinions. Catholique ardent, il se vit, en effet, tenu en suspicion par un certain parti rétrograde et étroit qui lui en voulait d'être confiant, d'espérer « aux barbares, » c'est-à-dire au bon sens final du peuple momentanément égaré et trompé. Et il ne faisait pas entendre cependant une voix isolée : l'archevêque Mgr Affre et bien d'autres hommes zélés avaient défendu le même point de vue. Le *Correspondant* était dans la presse l'organe de ce groupe très religieux, mais modéré. Ozanam appréciait cette excellente revue, où il fit maintes fois insérer quelques-uns de ses meilleurs articles. Il aimait la gravité et la dignité de sa polémique et aurait voulu que les opinions soutenues dans ce recueil devinssent celles de tous les hommes de bien.

A côté du *Correspondant*, le P. Lacordaire, l'abbé Maret et Ozanam s'unirent pour fonder l'*Ere nouvelle*, publication destinée à tous ceux que repoussait la politique violente de l'*Univers*. Après un succès brillant mais court, l'*Ere* succomba sous les efforts des deux partis extrêmes entre lesquels elle avait tenté d'assurer la place de l'Eglise. Ce fut là l'un des derniers efforts de ces catholiques éminents, de ces Montalembert, de ces Gratry, de ces Lacordaire qui, s'opposant « au règne par la force et par l'étouffement de l'esprit, » aspiraient à concilier la soumission à l'Eglise avec les droits de la conscience, et appelaient « le progrès religieux de l'humanité par le travail libre des âmes et par l'exemple. » Comme Pie IX avait dû s'arrêter dans la voie des réformes, eux aussi se brisèrent contre l'obstacle, contre l'inexorable logique de l'institution catholique.

Ozanam serait-il allé aussi loin que ses confrères, si sa vie n'avait été si tôt tranchée? Nous ne savons; sa conscience aisément timorée, son éducation l'avaient façonné à l'obéissance et, placé entre ce qu'il considérait comme un devoir de docilité à l'Eglise et la lutte où le portaient ses tendances, il aurait, croyons-nous, préféré le silence. Mais autant qu'il put prêcher la tolérance soit en politique, soit dans le sein même du catholicisme, il le fit courageusement. Quoi qu'il en soit, Ozanam, attaqué par des adversaires différents, dut se défendre devant les uns et les autres pour prévenir toute méprise sur ses opinions et ses croyances.

A M. Havet, qui l'accusait d'être opposé aux libertés modernes, il parlait net : « Je n'ai jamais voulu attaquer les principes de 89, qui sont les miens comme les vôtres . . . nous sommes tous deux les serviteurs de la même cause, seulement j'ai l'avantage de la croire plus ancienne et, par conséquent, plus sacrée. Souffrez que je vous le dise, mon cher collègue, si, au lieu d'être resté sur le seuil du christianisme, vous aviez, comme moi, le bonheur de vivre au dedans . . . vous ne feriez pas dater de la révolution, ni la liberté, ni la tolérance, ni la fraternité, ni aucun de ces grands dogmes politiques servis par la révolution, mais descendus du Calvaire. »

D'autre part à M. Dufieux, aux yeux duquel il ne voulait pas paraître un transfuge, il reprochait certain manque de confiance: « Vous qui me connaissez si bien, qui avez eu l'épanchement de mon âme jusqu'au fond, qui m'avez suivi pas à pas dans la carrière, après m'en avoir ouvert les portes, il vous suffit de la dénonciation d'un journal pour vous faire douter de ma foi! Vous me mettez dans la triste nécessité de me rendre témoignage à moi-même. Serais-je donc, cher ami, épuisé de fatigue à trente-sept ans, réduit à des infirmités précoces et cruelles, si je n'avais été soutenu par le désir, par l'espérance si vous voulez, par l'illusion de servir le christianisme? Etait-il donc sans péril de rechercher les questions religieuses, lorsque, simple suppléant, j'avais à ménager les opinions philosophiques de ceux qui devaient décider de mon avenir; quand seul, j'assistais de ma présence et de ma parole M. Lenormant assailli dans sa chaire; quand plus tard, en 1848, l'émeute passait tous les jours devant la Sorbonne? Si j'ai eu quelque succès de professeur et d'académie, c'est par le travail, par les concours et non par d'odieuses concessions. »

V

Ozanam ne disait que trop vrai, lorsqu'il avouait être à bout de forces. Aux luttes des deux dernières années se joignait la fatigue de ses travaux. Il avait publié, à la veille de la révolution, ses *Germains avant le christianisme.* Cette étude historique, au point de vue des lettres et de la civilisation, devint sous sa plume un tableau. Il lui avait fallu percer les ténèbres des époques les plus reculées et rendre attrayantes des considérations souvent arides. Renfermé dans les bornes d'un cours, le sujet ne permettait pas de longues narrations ; aussi, excepté quelques grandes figures à peine ébauchées, devait-il être traité d'une manière générale et révéler un état, une manière d'être et de *devenir* des Germains plutôt qu'un grand nombre de faits.

C'est avec le puissant intérêt qui s'attache aux découvertes que, conduits par l'historien, nous trouvons l'origine des Germains en Asie, sur les bords du Tanaïs, à côté de celle des Romains, des Grecs, des Indiens et de bien d'autres peuples du Midi et de l'Orient. Issues du même berceau, les nations du vieux monde, séparées plus tard par de colossales distances, ont gardé un lien de famille. En religion, mêmes notions primitives et élémentaires; dans les lois, même désir d'ordre et d'association; dans la langue, indiscutables signes d'un même point de départ; dans la poésie, enfin, mêmes préoccupations de l'âme.

Ozanam recueille avec émotion cette dernière preuve de fraternité universelle. « Ainsi, » pense-t-il, « l'humanité n'aurait jamais chanté d'autre histoire que la sienne; elle ne se serait pas donné d'autre spectacle que celui de ses antiques douleurs, et je ne m'étonne plus qu'elle ne s'en soit jamais lassée. Elle aime à voir, à toucher ses blessures, dût-elle les rouvrir, et voilà comment il se fait que nous cherchons un plaisir dans la poésie, et que nous ne sommes pas contents si nous n'y trouvons des larmes. » Mais que de divergences dissimulent ce poétique lien, et qu'il y avait loin de cet homme aux yeux bleus, à la taille élancée, à la chevelure blonde, qui errait dans les solitudes du Nord, à cet homme plus petit, bruni par le soleil du Sud, qui bâtissait des villes et creusait des ports !

L'éducation des nations offre le spectacle d'un oscillement perpétuel entre les deux principes d'autorité et de liberté. Chez les Romains, celui de l'autorité avait prévalu et protégé une civilisation croissante. Les Germains, au contraire, poussaient l'amour de l'indépendance jusqu'à l'impossibilité de la société, et n'acceptaient des lois que parce qu'ils se sentaient la force de les enfreindre. Lorsque l'indiscipline des esprits et des volontés est ainsi sans limites, elle produit la barbarie. La Germanie fut donc barbare, même jusqu'à l'anthropophagie; et malgré cela, aucun instinct généreux ne lui resta inconnu, et plus tard l'Evangile fit sortir de son sein « toute une moisson de grands hommes. »

Mais avant le christianisme, ce sont les aigles triomphantes de César et d'Auguste qui apparaissent dans le Nord, et l'étude de la Germanie en présence de la civilisation romaine, offre un double spectacle dont les causes et les effets, pour être clairement démontrés, ont nécessité tout le talent d'exposition du professeur de la Sorbonne.

D'une part, et du côté de Rome, deux politiques inverses: celle qui sait charmer les barbares et flatter leur orgueil; puis celle qui consiste à les diviser entre eux et à les corrompre. D'autre part, et du côté de la Germanie, deux courants contraires aussi : l'un, tout de glorieuse sympathie et de volontaire acquiescement. « Il semblerait, » dit Ozanam, « que les barbares se souvinssent d'une société plus parfaite dont ils auraient été séparés pour un temps, et qu'ils devaient retrouver un jour. » L'autre courant tout d'opposition et de haine. Si plusieurs de ces farouches guerriers ne purent résister au charme d'une vie régulière et de mœurs plus douces; si les écoles et le forum surent les attirer et les émouvoir — d'autres, en plus grand nombre, trop épris encore de leur sauvage indépendance, détestèrent le régime légal qui les enserrait, et n'attendirent que l'heure de la révolte. Toutefois, la civilisation romaine fit son œuvre parmi eux, quoique souvent malgré eux, et ne parut jamais plus puissante « qu'au moment où l'empire étant vaincu, elle subjugua les vainqueurs. »

C'est en 1849 que parut la *Civilisation chrétienne chez les Francs.* L'année suivante, en 1850, Ozanam possédait dans ses cartons vingt et une admirables leçons sténographiées que l'on a réunies après sa mort sous le titre de *La Civilisation au Ve siècle.* Ce cours est la dernière œuvre littéraire du professeur, il n'a pas eu le temps d'y donner des retouches dans le silence du cabinet; mais sa parole, surprise et fixée par un auditeur intelligent, nous est transmise, jusqu'à un certain degré, dans la chaleur et avec le charme de l'improvisation. Un souffle inspiré court dans ces pages, qui ont la grandeur mélancolique et le caractère sacré d'un testament. Nous assistons au travail d'une intelligence promptement mûrie, et à la vue du chercheur penché avec émotion sur les parchemins pour y déchiffrer les secrets de Dieu, il nous semble entendre comme un chant grave et beau qui monte et se perd dans l'infini. Nous sommes sur les hauteurs, et nous y demeurons.

Suivant l'ordre des idées, ce travail qui couronne la carrière du professeur, est en même temps la pierre fondamentale de l'édifice de ses mains; mais suivant l'ordre chronologique, il doit se placer avant *la Civilisation chrétienne chez les Francs, aux VIe, VIIe et VIIIe siècles*

Ozanam s'est attaché à la réhabilitation des premiers temps du moyen âge; temps, selon lui, trop inconnus ou trop décriés, qui ont occupé cependant leur place dans les destinées humaines. Dans cette époque de semailles et de germination, il suit à travers les révolutions du monde romain et les ombres de la barbarie, le développement des nations de l'Occident et la marche non-interrompue du plan divin; marche lente assurément, car elle n'a pas la précipitation des passions modernes et s'assure sur des principes « patients, parce qu'ils sont éternels. » En conséquence « l'histoire littéraire ne compte qu'un petit nombre de siècles inspirés, et elle connaît beaucoup de siècles laborieux. L'inspiration est une grâce, elle est d'un lieu et d'un temps, elle vient et se retire. Le travail, au contraire, est une loi, il est, par conséquent, de tous les temps, et celui qui en a fait la condition de l'humanité, ne souffre pas qu'il s'interrompe jamais. Cependant, on s'arrête avec admiration devant l'âge d'or des littératures; on n'a que de l'indifférence et du mépris pour les périodes difficiles et méritoires qui, d'un âge d'or à l'autre, ont gardé les traditions. »

Voilà une pensée vraie et généreuse. Elle ne porte ici que sur un point spécial, les lettres et la science; mais Ozanam l'étend à tous les autres domaines. C'est bien la force vitale de son œuvre. Les générations du moyen âge lui apparaissent comme d'humbles ouvriers qui frappent longtemps de leur marteau la pierre rebelle à leurs efforts, jusqu'à ce qu'ils aient préparé la place où l'artisan plus heureux, qui va leur succéder, fera jaillir l'étincelle. Des légions de copistes, de compilateurs fidèles ont peut-être tracé la voie au génie d'un Dante ou d'un Pétrarque. L'idée de progrès ne pouvait naître qu'au sein d'une religion qui commande l'humilité et prescrit l'espérance, et cette idée éclaire, pour Ozanam, bien des phases du passé. « Toute grande période dans l'histoire, part d'une ruine et finit par une conquête; » aussi les catastrophes des nations peuvent troubler quelquefois le penseur, sans le désespérer jamais.

C'est à la lumière de ce flambeau qu'Ozanam se refuse à toute doctrine de recul ou d'interruption dans la vie de l'humanité, et nie qu'il y ait eu, comme on l'a prétendu, un abîme entre l'antiquité et la barbarie. Tout se lie et s'enchaîne; la foi, la société et l'art modernes sont déjà en germe dans le monde romain avant les Barbares; et le christianisme, qui ne détruit rien, mais qui transforme et purifie, a recueilli l'héritage de l'antiquité delaquelle tout ne devait pas disparaître.

Ainsi le temple païen conservé devint la basilique chrétienne.

Ainsi « Ulpien, ce grand ennemi du christianisme, ne fut jamais plus sûr de vivre que dans le moment où les chrétiens, le couvrant d'un pardon universel, le firent asseoir au lieu le plus honorable, dans la chaire de leurs jurisconsultes. »

Ainsi « l'Eglise se garda bien de briser la harpe des bardes gallois et des scaldes germaniques, elle l'ennoblit, elle y mit une corde de plus pour chanter Dieu et les joies de la famille, au foyer que Christ a béni. »

Ainsi encore, en Léon-le-Grand se continua le patriotisme des Cincinnatus et des Scipion, et tandis que la poésie se réfugiait dans l'art aux Catacombes, le problème de l'union de la science et de la foi, qui jeta tant de trouble dans les consciences du quatrième siècle, se trouvait résolu par de grands docteurs qui vénéraient la Bible et ne voulurent pas brûler Virgile ; par les Basile, les Ambroise, les Jérôme, par saint Augustin qui inaugura le règne de la philosophie de l'histoire et de la théologie (deux sciences inconnues à l'antiquité) et qui, précurseur de Dante, « sut retourner par un effort de la raison à Dieu qu'il avait atteint par l'amour. »

Ainsi enfin, un peuple tout entier accompagnait au quatrième siècle le cortège funèbre de Fabiola, noble romaine qui s'était consacrée au service des malades pauvres ; et le même spectacle, se reproduisant de notre temps aux funérailles de la jeune princesse Borghèse, fournit un appui de plus à la thèse d'Ozanam. « C'est là un de ces points où les mœurs modernes touchent à l'antiquité ; on a peine à y découvrir une imperceptible distance, malgré les siècles qui nous en séparent. Toutes les différences de temps disparaissent dès qu'on entre dans ce qui est du domaine de l'éternité. »

Si *la Civilisation au Ve siècle* est principalement une histoire des idées, *la Civilisation chrétienne chez les Francs* [1] renferme plus de faits et de récits. C'est un vrai monument d'érudition qui témoigne de nombreuses recherches, d'une grande conscience à dégager la vérité de l'erreur, et surtout d'une sympathique perspicacité à découvrir sous l'image, à travers la légende, dans l'épopée comme dans la vie journalière, l'état moral de l'homme et de la nation.

De tant de travaux est sorti un exposé plein de lumière et de chaleur, dont nous détachons sans peine les grandes lignes : c'est d'abord l'existence de la jeune Eglise chrétienne de Germanie prête à recevoir les invasions; c'est la prépondérance des

[1] L'Académie décerna deux fois le prix de la fondation Gobert aux *Etudes Germaniques*.

Francs, chargés de continuer les Romains, d'allier en eux le génie latin et le génie germanique, de poser le principe d'où sortira toute la politique du moyen âge; c'est la société religieuse se substituant, pour un temps, à la société politique ; c'est la royauté, sacerdotale à l'origine, puis militaire, devenant jusqu'à l'excès une magistrature romaine et ne retrouvant son équilibre qu'en se plaçant par le sacre sous la bannière de l'Eglise; ce sont encore les écoles, où les traditions de la science antique sont recueillies par une nation encore barbare, mais neuve et virile.

Les hommes ne font pas défaut aux institutions, et il s'en trouve à la tête de chaque génération pour l'inspirer et la conduire.

En littérature et dans l'art, cette puissance des chefs s'exerce chez toutes les nations de l'Occident, et il y aurait bien des noms à citer, depuis Marcien Capella[1] et depuis Grégoire-le-Grand, fondateur des écoles de musique de Latran, jusqu'au directeur de l'école de Tours, Alcuin; depuis Fortunat, Boëce et Cassiodore, jusqu'à Isidore de Séville, à l'Irlandais Adhelm, à Bède l'Anglo-Saxon.

Dans la sphère de l'apostolat, du gouvernement, et de l'influence morale, les personnalités ont une

[1] Auteur du fameux livre *Les noces de Mercure et de la Philologie.*

valeur plus haute: S. Séverin, Nicétius de Trèves, Colomban, S. Eloi et S. Amand, Augustin, S. Boniface, tous ces évêques, ces moines missionnaires dominent les orages des temps et se transmettent de main en main le sceptre de la civilisation chrétienne. Enfin on voit ce travail de quatre siècles aboutir à Charlemagne, ce Germain au service de Rome, dont le génie réalisa le rêve longtemps caressé de la monarchie universelle, et dont le règne eut le caractère d'une croisade comme l'autorité d'une mission.

Ozanam désirait poursuivre ses études, assister à la naissance des langues modernes et parcourir tout le reste du moyen âge jusqu'au XIIIe siècle, pour revenir à ses travaux sur la *Divine Comédie.* Mais la mort l'a surpris, et quelques beaux fragments, quelques articles, recueillis dans deux volumes de *Mélanges,* prémices des œuvres projetées, nous font regretter de n'avoir pu lire tout ce qu'il a pensé. C'est à M. Foisset, conseiller impérial à la Cour de Dijon, qu'Ozanam aimait d'une respectueuse affection, qu'il exposait ses plans littéraires. Ces plans étaient gigantesques : il lui faudrait au moins dix ans pour en achever l'exécution, « si Dieu lui prêtait vie. » La vie ne lui fut pas prêtée jusque-là.

Encore deux années d'un brillant enseignement et de veilles studieuses, puis il dut laisser la page commencée et prier un ami de monter dans sa chaire. Ce moment lui fut bien dur, à en juger par ces lignes datées de Pise où il passa son dernier hiver: « Ah! pauvre Sorbonne, que de fois je retourne en esprit vers ses murs noircis, dans sa cour froide, dans ses salles enfumées, mais que j'ai vues remplies d'une si généreuse jeunesse! Cher ami, après les consolations infinies qu'on trouve au pied des autels, après les joies de la famille, je ne connais pas de bonheur plus grand que de parler à des jeunes gens qui ont de l'intelligence et du cœur. »

Avant de quitter la vie active, sollicité par son frère Charles qui est son docteur, Ozanam va, plein d'espoir encore, demander à l'air de la mer la santé qui lui échappe. Il visite la Bretagne et reçoit l'antique hospitalité de châtelains qui deviennent ses amis, non sans tourner les yeux avec regret du côté de l'Italie. « Si l'on ne cherche que les grands spectacles de l'art et de la nature, après le Vésuve et le Vatican, on fait bien de poser son bâton de voyageur et de vivre sur ses souvenirs. » Ce n'est pas, quoi qu'il en dise, qu'il dédaigne le pays breton; il en observe les habitants fidèles, originaux, « peu entamés par la trivialité et la corruption de nos mœurs. » Il les étudie dans les fêtes villageoises, dans les processions, dans les marchés, dans toutes les manifestations de la vie intime et morale.

L'homme l'occupe plus que la nature et les monuments primitifs, les men-hirs de Lockmariaker et de Carnac, les cromlechs de Crozon se transforment à ses yeux en un chapitre d'histoire.

Quand on considère combien courte a été l'existence d'Ozanam, on se demande à quelle facilité et à quel labeur on peut attribuer les connaissances si étendues de l'auteur. Les faits, les dates, les noms arrivent en foule, chacun à son rang, sous sa plume, et sa pensée les enchaîne et les groupe avec bonheur. Le passé, le présent lui sont si bien connus qu'on s'attendrait presque à le voir prophétiser l'avenir; c'est ce qui lui arrive quelquefois, car l'humanité est toujours la même, et l'expérience de ce qui a été peut faire pressentir ce qui sera. Le sens historique et littéraire double pour lui la valeur des voyages : devant chaque monument de l'Allemagne, il voit se dresser l'ombre des Charlemagne et des Othon; en descendant le Rhin, il touche le *rocher du Dragon*, et la vierge chrétienne Andromaque domptant le serpent revit dans son imagination; il redit les chants des Nibelungen et du Saint-Graal, et lorsqu'il met le pied sur le sol où pour la première fois fut plantée l'aigle romaine, il embrasse dans son ensemble la Germanie de Tacite et de César.

En Italie, il retrouve l'antiquité, les temps apostoliques, la Renaissance. C'est à Rome peut-être que, plongé dans les émotions religieuses du présent, il songe le moins à remonter le cours des âges. Plus tard, et déjà bien malade, il sent renaître à Burgos, où il ne fait que passer, sa verve inépuisable, d'autant plus fraîche qu'elle trouve un aliment nouveau. Dans l'ancienne capitale de la monarchie, il se remémore tout le poème de l'Espagne héroïque et sacrée, depuis le Cid jusqu'à Babieça, le vieux cheval du Campeador ; il admire dans les églises l'éclat de la Renaissance, et s'exalte si bien que sa femme et Ampère lui-même le raillent avec douceur de son enthousiasme castillan.

Il est un des voyages d'Ozanam qui n'a ni le coloris, ni le caractère attachant des autres. En 1851, J.-J. Ampère, inquiet de la santé de son ami, l'entraînait, un peu malgré lui, à Londres et jusqu'à l'Exposition universelle. Là, tandis qu'Ampère, avec son esprit délié, se mettait en rapport avec tout le progrès de l'industrie moderne, Ozanam paraissait bouder l'Angleterre. Il reconnaissait bien l'intelligence supérieure des Anglais dans les affaires, leur prépondérance dans la marine, il ne leur refusait pas même la réalité du sentiment religieux, et s'inclinait devant leur respectueuse observance du jour du repos; mais il semble presque qu'il en voulait à l'Angleterre d'être protestante et qu'il avait quelque peine d'être forcé de l'admirer. Avec sa bonté accoutumée et son souci des malheureux, il laissait la foule cosmopolite au Palais de cristal pour descendre dans les caves humides des Irlandais indigents, et leur versait si bien sa bourse, qu'il revenait en France « pauvre comme un gueux. »

Pourquoi sa charité s'est-elle arrêtée là ? pourquoi n'avoir pas rendu justice à la bienfaisance des Anglais ? Pourquoi les avoir dénoncés au double point de vue du « mépris du pauvre » et des passions protestantes? Et pourtant qui a créé un plus grand nombre d'écoles de déguenillés ? qui a osé pénétrer dans des repaires dangereux pour porter le pardon de l'Evangile au forçat, à la femme pécheresse, si ce n'est le chrétien de Londres et de Liverpool? quel est enfin le lieu d'origine de tant d'élans généreux, précurseurs de grandes réformes philanthropiques, si ce n'est l'Angleterre, la patrie de Wilberforce et de la charité individuelle ?

Mais Ozanam n'a entrevu cette nation qu'à travers les brouillards de la Tamise; la mer s'est faite douce et bleue pour le ramener aux rives françaises, et il demande pardon, en souriant, à un ancien Breton d'avoir été serrer la main à des Anglo-Saxons.

Nous touchons ici à un trait du caractère et de l'intelligence d'Ozanam qui a droit de nous surprendre: c'est son intolérance à l'égard des réformés. Lui, qui a su quelquefois se séparer bravement de son entourage sur des questions de liberté religieuse et politique, comment peut-il montrer à l'égard de frères chrétiens si peu de sympathie et si peu d'impartialité? Injustice que nous aurions voulu ignorer si elle ne s'était montrée qu'une fois; mais nous la retrouvons, avec regret, dans plusieurs de ses lettres. Il n'avait point oublié pourtant que, lors de la révolution française, sa mère, exilée avec sa famille, avait fait en Suisse, à Echallens, sa première communion dans une pauvre église de village, partagée entre protestants et catholiques. Mais où est l'esprit sans préjugés? où est l'âme sans défaillance?

VI

Au printemps de 1852, une dangereuse pleurésie laissait Ozanam extrêmement affaibli, et, peu de temps après, les docteurs constataient les symptômes d'une grave maladie des reins, dont il ne devait pas guérir. Toujours accompagné de sa jeune femme qui le soignait avec la plus anxieuse sollicitude, en même temps qu'égayé par le gentil babil français et italien de sa petite fille, il dut essayer de nouveaux climats. C'est ainsi qu'ayant séjourné aux Eaux-Bonnes, à Biarritz, à Bayonne, il poussa imprudemment jusqu'en Espagne, puis, traversant le midi de la France, parvint à Pise dans les derniers jours de l'année.

Il est à remarquer que le sentiment de la nature s'accentua chez lui à ce dernier voyage. Etait-ce que sa faiblesse, lui interdisant le travail, l'inclinât à la rêverie ? Etait-ce peut-être que l'océan sans limites et l'éther de ce ciel, où ses yeux avaient alors tout le loisir de plonger, se fussent révélés pour la première fois à lui dans leur mystérieuse grandeur ? Ou bien trouvait-il dans le langage mélancolique de l'automne comme une analogie, que sa pensée ne formulait encore qu'indistinctement, avec sa vigueur près de s'éteindre ?

Toujours est-il que le spectacle de la création, dont il saisissait toute la beauté, lui devint aussi une consolation. « O mon ami, » écrit-il de Biarritz à M. Dufieux, « n'accusez plus ce que vous appelez les illusions de notre jeunesse, et ne nous repentons pas d'avoir cru à la poésie. Dans d'autres voyages, ma pensée était distraite par les ouvrages des hommes. Dans ces pays-ci, où l'homme a peu fait, je ne vois plus que les œuvres de Dieu, et je le dis maintenant avec toute l'ardeur de la foi : Dieu n'est pas seulement le grand géomètre, le grand législateur, c'est aussi le grand artiste. Dieu est l'auteur de toute poésie,.... il l'a répandue à flots dans la création, et s'il a voulu que le monde fût bon, il l'a aussi voulu beau.... Nous sommes descendus au bord de l'océan, nous sommes là dans un petit village jeté sur des écueils, et nous ne nous lassons pas des grandes scènes qu'il nous donne chaque jour. Tout le monde sait que la mer a une majesté infinie; mais ce n'est qu'en la voyant qu'on apprend combien elle a de grâce. »

Par malheur, les premiers mois passés à Pise furent exceptionnellement pluvieux, et notre intéressant malade ne pouvait errer à son gré au milieu des quatre monuments immortels qui ont « un genre de beauté, une grâce pour ainsi dire jeune et virginale qui ne se décrit pas. » On ne lui permettait pas de s'arrêter devant les fresques d'Orcagna et de Ghirlandaio au Campo Santo, mais on ne pouvait toujours le retenir loin de la cathédrale « toute rayonnante de foi, de beauté et d'amour, » construite avec une telle légèreté « qu'on ne sait pas si elle s'est élevée de la terre, ou si elle y pose seulement, descendue du ciel. »

Souvent, en sortant de l'église, il montait à la bibliothèque de 60,000 volumes que mettait à sa disposition le plus complaisant des bibliothécaires;

puis il rentrait au logis, touché de la tendresse qui l'y accueillait, et terminait la journée au coin du feu dans une douce solitude, interrompue de temps à autre par la visite d'un aimable Pisan ou d'un membre de la Conférence de St. Vincent de Paul.

La correspondance occupait, en outre, une bonne partie de son temps; il écrivait surtout à Ampère, pour lequel il semblait redoubler d'affection; car, s'agit-il de celui-là, Ozanam est sous le charme. Chaque preuve de sympathie d'Ampère l'émeut, chaque trait d'esprit l'enchante ; il éprouve un vif chagrin de voir son ami si souvent partir pour de lointains rivages ; mais il en est presque consolé lorsque paraît, dans la *Revue des Deux-Mondes*, quelqu'une des charmantes narrations du voyageur. Il est, d'ailleurs, poursuivi, à l'endroit de ce collègue respecté, d'une pensée constante : il voudrait savoir en paix celui dont l'âme élevée est tout ensemble atteinte par le doute et attirée par les idées religieuses. Souvent Ozanam a voulu parler, il ne l'a pas osé.

Mais lorsqu'au départ d'Ampère pour l'Amérique, il le sent isolé sur la vaste mer, il n'y tient plus, il prend la plume, il espère que sa lettre confiée aux vagues de l'Océan, battue des grands vents de l'équinoxe, arrivera à son adresse avec des accents plus solennels et plus adoucis à la fois. Ampère a lu cette lettre et l'a gardée: « Souffrez mes inquiétudes, vous remuez toutes les études, et maintenant vous faites la moitié du tour du monde pour trouver des nouveautés qui vous attachent. Et cependant il y a un intérêt souverain, un bien capable d'attacher et de satisfaire votre excellent cœur, et je crains, cher ami, je crains peut-être à tort, que vous n'y songiez pas assez..... Vous remplissez les devoirs du christianisme envers les hommes, mais ne faut-il pas les remplir envers Dieu ? Ne trouveriez-vous pas dans ce service des consolations infinies ? la sécurité de l'éternité !... l'évidence intérieure devant laquelle s'évanouissent tous les doutes. La foi est un acte de volonté. Il faut vouloir un jour, il faut donner son âme, et alors Dieu donne la plénitude de sa lumière. »

Mais il ne fallait pas trop insister, et l'épître suivante fut très amicalement humoristique : « Nos affaires politiques se brouillent assez joliment. Même si vous attendez le mois d'avril, je ne puis vous garantir que vous retrouverez votre fauteuil à l'Académie; il pourrait bien avoir chauffé la soupe des insurgés !... Vous serez là-bas, sur ce rivage paisible pour recevoir vos amis fugitifs; vous protégerez Mme Ozanam et vous lui ferez avoir une échoppe de bouquetière dans Broad-Street. Quant à moi, je parle trop mal l'anglais pour exercer mes petits talents de professeur et d'avocat, et je ne vois guère d'autre carrière que de battre la grosse caisse derrière la voiture de mon frère, quand il ira arracher les dents. Voilà pourtant la fin de cette famille Ozanam qui avait promis de si grandes choses ! » — *Cette famille* accompagnait du cœur l'absent où qu'il fût : « Vous serez bien habile si vous trouvez un endroit où nos pensées ne vous suivent pas. Il n'est pas jusqu'à petite Marie qui ne soit au courant de vos pérégrinations. Vous l'aidez à retenir sa géographie et, pour elle, l'Amérique, c'est le pays où voyage M. Ampère. »

C'est de Pise toujours que, caressant « plus à son aise ses souvenirs d'amitié, » il demandait à Ampère des conseils littéraires et le priait de présenter ses *Poètes franciscains* à la *Revue des Deux-Mondes*, tout en lui donnant des nouvelles de sa santé, qu'il croyait un peu meilleure : « Je ne suis pas tout à fait mort, ni même désespéré ; vous m'aimez tant, que vous avez besoin de cette assurance. »

Mais à travers les fluctuations des bons et des mauvais jours, la maladie progressait.

Ozanam néanmoins avait assez compté un instant sur l'avenir pour désirer un fauteuil à l'Académie française, et même il en plaisantait tristement : « Je connais tels qui n'y sont guère entrés (à l'Académie) que pour ce qu'on espérait d'eux.

Ne peut-on pas espérer de moi tout autant et, de plus, que je laisserai bientôt ma place vacante? » — Il fallut vite renoncer à cette idée: « Dans un moment si solennel pour moi, où tout est suspendu à la grande question de ma santé, quand je demande à Dieu de me laisser vivre pour ma femme et mon enfant, il me semble qu'il y aurait une sorte de témérité à demander le superflu. Il faut attendre avec recueillement que la Providence décide de ma guérison. »

Oui, Ozanam demandait à vivre pour sa femme et son enfant. Petite Marie était si jeune encore ! Puis il savait que sa mort briserait le cœur de celle qui n'existait que pour lui. Combien n'avait-il pas souffert déjà des inquiétudes qu'il lui avait causées et que de jours d'une sereine douceur dûs à la sollicitude de sa compagne! « J'ai ma tendre et ma bonne Amélie, qui sait mêler à ses soins tant de grâce et d'agrément....., vous connaissez celle que Dieu m'a donnée pour ange gardien visible, vous l'avez vue à l'œuvre. Mais depuis que le mal est devenu plus sérieux, vous ne sauriez croire tout ce qu'elle a trouvé de ressources dans son cœur, non seulement pour me soulager, mais pour me consoler; quelle tendresse ingénieuse, patiente, infatigable m'entoure à toute heure, et prévient tous mes désirs. »

Si dans la séparation de la mort quelque chose console, c'est bien l'assurance reçue du bonheur qu'on a procuré à l'être aimé qui n'est plus. « A ma tendre Amélie qui a fait la joie et le charme de ma vie, » devait écrire Ozanam dans son testament, « et dont les soins si doux ont consolé depuis un an tous mes maux, j'adresse des adieux courts comme les choses de la terre. Je la remercie, je la bénis, et je l'attends. Au ciel seulement, je pourrai lui rendre tout l'amour qu'elle mérite. »

Le printemps venu, les médecins n'autorisèrent pas le retour en France, et l'on essaya d'un séjour prolongé au bord de la mer dans les riants villages toscans de San-Jacopo et de l'Antignano. Mais le mal résista à toutes les prescriptions de l'art, comme à tous les efforts de la tendresse. La fin approchait, et la correspondance des dernières semaines porte la trace des luttes et des angoisses par lesquelles passaient l'homme et le chrétien.

Angoisses et luttes bien naturelles.

Au cœur aimant d'Ozanam, à son imagination chaleureuse, la terre faisait encore des promesses: la vie telle qu'elle lui avait été faite, avec une part de bonheur supérieure à celle des peines, lui paraissait belle et il l'aimait. Il promettait à Dieu le sacrifice de son ambition littéraire et s'engageait à multiplier les œuvres de charité, s'il lui était permis de guérir. Puis, sentant que ses offrandes étaient intéressées, il s'abandonnait sans conditions au Père céleste. « C'est moi que vous demandez, il est écrit que je dois faire votre volonté et j'ai dit : Je viens, Seigneur. »

La méditation des Psaumes et de l'Evangile communiquait à ses immortelles espérances une nouvelle force, la paix descendait en lui. En même temps que son âme s'élevait et se rassurait, sa pensée cherchait, avec un redoublement de sollicitude, tous ceux qu'il avait aimés. D'une main tremblante qui n'avait plus la force de tenir la plume, il adressait encore aux siens ce message qui ne devait leur parvenir que consacré par la mort : « Ma prière suprême à ma femme, à mon enfant, à mes frères et beaux-frères, à tous ceux qui naîtront d'eux, c'est de persévérer dans la foi, malgré les humiliations, les scandales, les désertions dont ils seront témoins. » — Le Père Lacordaire raconte, dans une touchante notice, que la veille de son départ de l'Antignano, Ozanam sortant de sa maison fit quelques pas sur la grève et, se découvrant, dit à sa femme : « Je veux qu'avec moi tu bénisses Dieu de mes douleurs. » Et aussitôt se jetant dans ses bras : « Je le bénis aussi des consolations qu'il m'a données. »

Le lendemain, des yeux mouillés de pleurs suivaient sur les flots de la Méditerranée le vaisseau qui emportait le malade. Ozanam eut la douceur de revoir la France, vers laquelle se tournaient ses yeux mourants, et d'aborder à Marseille où l'attendaient des cœurs déjà en deuil. C'est dans cette ville qu'il s'éteignit en paix le 8 septembre 1853. Son cri suprême fut un appel à la miséricorde du Dieu « qu'il aimait. »

Il y a dans le christianisme des hauteurs où peuvent se rencontrer, au-dessus de leurs divergences, des croyants de communions différentes qui, d'accord sur les dogmes fondamentaux, aiment mieux appuyer sur ce qui les unit que sur ce qui les divise. C'est de là que, faisant abstraction de certaines opinions appartenant à un catholique aussi complet que le fut Ozanam, nous contemplons avec un intérêt mêlé d'admiration le spectacle de sa vie dans sa correspondance. Spectacle rare et attachant que celui d'une existence à portée unique, obéissant à la seule inspiration chrétienne ! Nous avons vu Ozanam choisir, à l'âge de dix-huit ans, le chemin qu'il voulait suivre, et se placer dès lors sur la ligne de la vie éternelle, dont il ne dévia jamais. « Sa grande foi fut la maîtresse souveraine de sa vie, » a dit J.-J. Ampère, et il a dit vrai. C'est à cette foi qu'il subordonna toutes choses, ses travaux, ses œuvres, ses affections, ou plutôt elle fut le cadre dont il les entoura toutes.

Ozanam prétendait avoir vu des natures élevées, des volontés droites; mais il se plaignait de ne pas avoir rencontré des « caractères, » et il ajoutait: « De tous les dons du Saint-Esprit, celui qui manque le plus, c'est la force. » Il souffrit trop de ses imperfections et de ses faiblesses pour se croire *un caractère*, mais nous n'hésitons pas à dire qu'il en fut un, ferme et tendre à la fois. Son esprit très noble, mais manquant peut-être de souplesse, se montra peu enclin à faire la part des différences de croyances, d'éducation et de tempérament, à accepter chez les autres les idées qu'il ne partageait pas lui-même. Combien Ampère et de Tocqueville, par exemple, ont l'intelligence plus vaste, plus ouverte à toutes les questions! N'est-ce point, qu'étant plus désintéressés des grands problèmes de la destinée humaine, ils accueillent avec une philosophique tranquillité, qui a sa mélancolie, les opinions diverses des hommes? N'est-ce pas que ce désintéressement même donne à leur pensée la facilité d'aborder tous les sujets, d'errer au près et au loin et de se laisser, chemin faisant, amuser et distraire? Ozanam, sous l'empire absolu de son sentiment religieux, y fait tout converger, il n'est captivé que par ce qui s'y rapporte; il a l'exclusisme des grands attachements, et gagne en profondeur ce que ses deux contemporains ont en étendue.

Ce sont, après tout, les hommes de sa trempe qui exercent la plus durable influence et laissent leur marque dans les âmes. Un jeune ami à lui, un disciple passionné, l'abbé Perreyve, repassant près du cercueil de son maître les enseignements qu'il en avait reçus, se sentit « comme soutenu par une main tendue d'un autre monde. » Un grand exemple, n'est-ce pas « une main tendue » pour assurer notre marche ici-bas ?

2

www.ingramcontent.com/pod-product-compliance
Ingram Content Group UK Ltd.
Pitfield, Milton Keynes, MK11 3LW, UK
UKHW020934180726
13838UKWH00002B/942

9 782329 429526